엄마의
속도로
일하고
있습니다

엄마의 속도로 일하고 있습니다

> 엄마는 시작할 거야, 지금!

이혜린 지음

arte

차례

프롤로그 일과 육아 사이에서 고민하는 이들에게   9

 그렇게 경단녀가 되었다

새벽 4시 4분의 고독   15
비운의 종족 경단녀   18
꿈팔이는 불편해   23
그렇게 경단녀가 되었다   28
복직을 포기한 이유   32
사원증보다 더 좋았던 증서   36
남편과 싸웠을 땐 제안서를 쓰세요   37
젖을 물리며 아이템을 물다   40
일에 대한 단상   44
첫, 공모전 당선의 기쁨   51
당신에게 손을 내밀었다, 엄마이기 때문에   55

2 모성을 지키기 위해 모성을 밀어내다

역사는 모두 밤에 이루어졌다	**61**
집에서 일을 한다는 것	**67**
왜 하필 스타트업?	**70**
모성을 지키기 위해 모성을 밀어내다	**73**
제발, 아프지만 말아줘	**78**
토요일엔 너님도 독박육아 하세요	**81**
아이를 안고 개발 회의에 가던 날	**85**
꿈에 대한 단상	**89**

3 애는 누가 키우나요?

나 임신했어	**97**
육아도 스펙이다	**100**
아이가 노트북을 싫어하기 시작했다	**104**
당신은 모르실 거야	**107**
애는 누가 키우나요	**110**

이 모든 게 신발장 때문이다	**114**
어린이집 선생님이 그만두던 날	**117**
돌봄의 노고에 대하여	**122**
요새 택배 많이 오네	**124**
오후 4시의 신데렐라	**126**

요즘 엄마들이 문제가 많아, 그렇지 않아요?

넌 살림을 개떡같이 하고, 이게 뭐냐!	**133**
요즘 엄마들이 문제가 많아, 그렇지 않아요?	**143**
출산이 언제세요?	**148**
엄마 페티시의 시작	**151**
남편 돈 쓰지 않고 창업하기	**154**
기 빠는 에미들	**157**
송년회라는 사치	**161**
나도 네트워크 모임 가고 싶다	**164**
키즈 카페와 노트북	**168**

5 나는 아이를 사랑하는 것만큼 나를 사랑해

나 하나만 포기하면	**175**
어수선한 콘퍼런스콜 회의	**179**
이름도 몰라요 성도 몰라	**183**
엄마들을 위한 창업 교육	**186**
애도 보고 일도 하자	**189**
카오스적 에미론적 사고관	**194**
슈퍼우먼의 변명	**199**
딸아, 너도 스타트업 해볼래?	**202**
걸크의 밤이 불타오르네	**207**

에필로그 엄마에서 다시 이.혜.린.으로 **211**

프 롤 로 그

일과 육아 사이에서
고민하는 이들에게

회사에 퇴사를 통보하던 날, 나는 첫째 딸아이를 붙잡고 엉엉 울었다. 이유를 알 수 없는 울음으로 한나절을 보내고 간신히 정신을 차려 아이를 보니, 아이는 방긋 웃고 있었다. 내 울음의 의미를 모른 채 앞구르기 하며 재롱을 떨고 있는 아이를 한참 동안 물끄러미 바라보다 생각했다.

'네가 어른여자로 살아갈 미래에, 엄마인 내가 너의 세상에 의미 있는 일을 했다는 흔적을 조금이라도 남기고 싶다.'

무난하게 대학을 졸업하고, 무탈하게 취업하여 나쁘지 않은 스펙을 가지고 살아가던 나에게 찾아온 '경력단절'이라는 수식어. 스무 살, 청량감 넘쳤던 이십 대 시절에는 단 한 번도 생각해보지 않았던 커리어 단절. 내 삶이 타인들에 의해서 송두리째 사라지는 이 낯선 경험 앞에서 나는 가까스로 나를 다시 일으켜 세웠다. 나와, 내 딸의 세계를 위해. 그리고 지금 나는 이전에는 생각하지도 못했던 삶을 열심히 헤쳐나가고 있다.

아이를 키우며 창업을 한다는 것. 결혼, 육아, 창업……. 이 세 가지를 동시에 하고 있는 나를 생각하면 멀쩡히 앉아 있다가도 헛웃음이 나곤 한다. 이렇게까지 나를 학대하며 살아도 되는 것인지 진지하게 반문도 해본다. 그렇다. 이 세 가지를 동시에 하고 있다는 것은 미친 짓임에는 틀림없다.

하지만, 나는 이 세 가지를 동시에 하고 있는 게 좋다. 극한에 몰려 한심하게 눈물을 흘리고 있을 때 내 눈물을 닦아주는 아이들이 있어 좋고, 아이들에게 기가 빨려 깊어진 빡침을 일로 해소할 수 있어서 좋다. 일과 삶, 그리고 아이들에 대해 함께 이야기하며 좀 더 건강하게 늙어가는 우리가 있다. 그렇게 불가능할 것 같았던 이 세 가지는 묘하게 어울려 기묘하게 조화를 이루는 중이다.

지금도 일과 육아 사이에서 고민하는 수많은 여성들이 있다. 그들에게 이렇게도 살 수 있구나, 이렇게도 살아가는 사람이 있다는 이야기를 해주고 싶었다. 물론 그 길이 쉽지 않고 힘들지만 온전히 내 모습 그대로 살아내는 그 기쁨을 누릴 수 있음을, 아이를 키우면서도 창업가로 살 수 있음을 이야기하고 싶었다. 그리고 이 세상의 수많은 엄마들은 이미 충분히 창업가로서의 멋진 스펙을 가지고 있음을 이야기하고 싶었다.

그랬다. 내가 엄마가 되었기에 이 모든 것들이 가능해졌다.
한 해 한 해 엄마로 성장하는 것은 내 많은 능력들을 향상시켜주었다. 아이러니하게도 나는 내 사업의 모든 재주를 엄마가 되어 갖게 되었는지도 모른다.
살아남는 것이 정글 바닥인 스타트업. 창업은 망하려고 하는 거라는 혹자의 말에 공감한다. 그렇다. 창업은 정말 쉽지 않다. 하지만 생명도 살려 키우는 엄마, 살려내고 살아남는 것 하나는 어떻게든 해낼 수 있는 것이 엄마이지 않은가. 그러니 오늘도 느린 듯하지만 누구보다 맹렬하게, 서두르는 것 같지만 생각보다 사려 깊게. 나는 지금 엄마의 속도로 일하고 있다.

그렇게 경단녀가 되었다

새벽 4시 4분의 고독

아이도 남편도 모두 잠든 밤. 문득 정신을 차려보니 새벽 4시가 다 되었다. 남편은 1시간 반 뒤면 일어나 출근을 준비할 것이고 아이도 뒤이어 깨어날 것이다. 해야 할 일은 산더미처럼 쌓여 있는데 하루가 너무 짧다. 집안은 무섭도록 고요하다.

　이렇게 고요한 밤에 생각한다. 무슨 부귀영화를 누리겠다고 나는 이 시간까지 일을 하고 있는 걸까. 정해진 출퇴근 시간에 맞춰 하루를 살아가고 매달 꼬박꼬박 나오는 월급을 받고 살아가면 안 되는 걸까. 그렇게만 된다면 아이를 재우고 숨죽인 채 이렇게 늦게까지 일을 하지 않아도 될 텐데. 새벽을 꼬박 지새우고 아침에 다

죽어가는 정신으로 아이를 등원시키지 않아도 될 텐데. 적어도 지금 일하는 것보다는 훨씬 괜찮은 보수를 받을 수 있을 텐데.

그런 생각들이 솟아나는 밤이면 새벽의 고독은 불안을 먹고 자라나, 나를 생각의 밑바닥까지 끌어내린다. 수지타산의 악령이 생겨난 것이다.
'나는 지금 뭘 하고 있는 거지?'
그랬다. 엄마의 창업은 결코 수지타산이 맞지 않는 일이다.
초기 창업은 더더욱 그렇다. 하루 종일 일에 허덕이고 가사노동과 육아까지 책임지지만, 어느 것 하나 인정받지 못하는 지금 상황은 견뎌내기 쉬운 조건이 아니다. 돈이라도 많이 벌면 명분이라도 설 워킹맘의 삶도 아니면서 그 이상을 일하고도 대가가 없는 창업자의 삶은, 언제나 가시밭길 같다.
그렇다고 이 일을 포기할 수도 없다. 가족의 생계가 달린 일도 아니고 엄청난 비전과 꿈을 가지고 있는 것도 아니다. 이 일을 포기할 수 없는 이유는 이것이 나 자신을 지켜주는 최소한의 방어선이기 때문이다.
누군가의 아내로, 아이들의 엄마로 살아가는 낮의 시간을 지나고, 밤이 되어야 비로소 나의 이름 석 자로 살아갈 수 있다. 바로 이 일을 하면서 말이다. 그러니 고독하게 모든 것들을 묵묵히 해나가야만 한다. 지금 이 새벽의 고요함처럼.

　세상 모른 채 잠든 가족들에게 이 불안함을 들키지 않기 위해, 맥주 한 캔을 시원하게 마시고 잠든다. 그렇게 다시 내일을 살아간다.
　안녕, 오늘도 너무 빨리 가버릴 아침아.
　그래도 매일 반가워.

비운의 종족
경단녀

"엄마 나 집에서 애 키우면 안 돼?"

"내가 너한테 들인 돈이 얼만데 이것아, 대학 보내놓고 시집보내놨더니 집에 있겠다고? 아깝게?"

"그럼 엄마가 키워줄 테야?"

"내가 키워줄게."

그런데 생각해보니 그건 또 아닌 것 같았는지, 아니다, 아껴 쓰면 또 살 만하다고 말씀하셨던 게 우리 엄마의 안부 인사였다. 뫼비우스의 뫼비우스 띠처럼 이런 안부 인사는 만날 때마다 반복된다.

'경단'. 꿀떡 같다. 들을 때마다 생각한다, 그래봐야 똥 같은 경단.

임신과 출산으로 경력이 끊겨버린 한때는 뭐라도 할 줄 알았지만 살아보니 슈퍼우먼 재목도 아니고, 그렇다고 일을 그리 사랑하지 않는데 어쩌다 보니 모성까지 생겨버린 비운의 종족, 경단녀.

아주 어릴 때의 기억이다. 동네 슈퍼에 다녀오면서 엄마가 하는 말, 저 캐셔 아줌마 이대 나왔대. 그 말을 듣고 '아, 이대 나오면 마트에서 일하는구나' 하고 생각했다. 엄마는 인생이란 한 치 앞도 알 수 없다라는 의미로 이야기한 것 같은데, 나는 순진하게 진로 찾기나 하고 있었네. 어쨌든 이대는 나의 모교, 나도 언젠가 바코드를 찍을지도 모른다.

회사에 놀러갔는데 추진력이 불도저 같던 워킹맘 과장님이 말했다.

"나 회사 그만두면 할 수 있는 거 하나 찾았어. 마트캐셔랑 주차요금 받는 거."

그렇다, 나는 어쩌다 보니 금융권에 있고 경력 단절 후 캐셔에 최적화되어 있던 것이다. 이런 슬프고도 썰렁한 농담은, 과장님이 웃자고 한 말 같지만 현실일 수도 있다.

과장님은 능력자이지만 나이는 어느덧 마흔에 가깝고, 어쩌다 회사를 그만둔다 해도 지금 받는 만큼 월급 주는 곳은 찾기 어렵고, 오히려 열심히 쌓아온 경력은 부담일 수 있고, 몇 년 일을 쉬다 보

면 마트캐셔를 하게 될 날이 오지 않겠나.

생각해본다. 경력이 단절되면 나는 뭘 할까. 무엇을 할 수 있을까. 과거 영광들이 모두 사라지면 내겐 뭐가 남을까. 공부해 대학 가고 공모전에 자격증 준비에 대외 활동에 그리고 입사지옥까지. 근데 이 모든 게 멈춰버린다는 건 어떤 기분일까. 아이러니한 건, 이 경력이 너무 좋고 이 일을 너무 사랑해서 멈추는 게 무서운 게 아니라 그냥 항상 뭔가를 하던 내가 멈춰버리는 게 실은 제일 무섭다. 이 세계가 끝나버릴까 봐.

회사에서는 말한다.
"쉬면 트렌드나 업무 능력 면에서 아무래도 좀 그렇죠."
사실 그건 헛소리. 와서 몇 달만 일해도 분위기는 파악되고, 업무는 경험이 있으면 금방 배운다. 그사이 빌게이츠가 엄청나게 혁신적인 오피스툴을 만들어 전 국민이 사용할 것도 아니고(액티브엑스도 이제야 없앤다는데), 기획서는 예전에 누가 써놓은 거 베껴 쓰고, 숫자만 바꿔가고 있을 테고, 타사에서 하는 거 대충 훔쳐보다 괜찮아 보이면 '우리도 하자 우오오오오' 따라할 거면서 크리에이티브와 아이디어를 운운하는 이 나라의 조직이란…….

전에 하던 거에서 사실 큰 변화도 없을 텐데. 어차피 사무직이라는 게 그렇고 그런데. 어차피 내가 없어도 네가 없어도 굴러가는 우리는 소모품 같은 존재인데(아, 물론 전문직이라면 이야기가 달라지긴 하겠지만).

그러고 보니 엄마 말대로 기술을 배워놓을걸. 누구 말대로 문과충은 굶어 죽거나 치킨집 하다가 망해서 죽는 건가. 참 해놓은 건 많은 것 같은데 돌이켜보면 그냥 볼트와 너트처럼 살았네.
사실 주 1~2회 출근, 나머지는 재택근무 대신, 급여는 좀 작게. 이렇게만 해도 회생 가능한 이 땅의 똑똑하기 그지없는 경단 여성들이 엄청 많을 텐데.
아니 무슨 인터넷 선은 온 집안 구석구석 '기가로 기가 산다' 기가 팍팍하게 해놓고, 우리나라 인터넷 강국이라 회사에서 부장님 퇴근 안 하고 야근해서, 집에서 인터넷도 못 해보는 게 이게 선진국인가. 나중에 내 주변에 똑똑한 애엄마들 모아서 '뭐든지 다 해드려요. 단가도 쌉니다. 출근만 안 하게 해주세요. 집에 애가 있어서요'라는 콘셉트로 흥신소라도 차려봐야겠다.

꿈팔이는 불편해

나는 내가 커리어 우먼이 될 줄 알았다. 적어도 구질구질하게 직장에 다니다, 육아 때문에 일을 그만두는 일, 나에게는 없을 줄 알았다.

대학교에서 잘나가는 여선배들을 불러 강연회가 열릴 때면 나는 침을 질질 흘리며, 언젠가는 나도 저들처럼 멋진 선배가 되어 이 자리에 서서 끝내주는 파워 숄더 재킷을 입고 말하리라 다짐했다.

"여자들이여, 나 같은 커리어우먼이 되어 파워 숄더를 입고 자신감을 장착해요! 여러분도 할 수 있어요!"

생각해보니 강연 당시 그녀들은 회사의 대리급이었고 아직 결혼도 하지 않은 상태였다. 후배도 좀 들어오고 이제 일이 막 재밌어지고 자신들이 좀 잘나가는 거 같고, 그런 때 강연 와서 신입생들한테

"얘들아, 회사는 너무 멋져! 일도 참 재밌단다. 최고야!" 이런 말들을 했던 것 같다. 그녀들의 인생에서 결혼과 아이 같은 건 아직 없었을 테지.

우리는 어떻게 하면 그런 회사를 들어갈 수 있냐고 그녀에게 물었다. 그때 좀 더 현명했다면 이렇게 물었을 텐데. 거기는 '육휴'를 1년이나 써도 되는 분위기냐고.

가끔 진짜 너무 잘나가는 여선배들 특히 임원급 선배들을 보면, 아이는 온전히 누군가에게 맡기고 일하는 경우가 대다수였다. 다행히도 그녀들은 죄책감 같은 것 없이 본인 일을 사랑하고, 아이들도 자신을 사랑하는 엄마를 존중해준다는 믿음이 강했다. 실제로도 아이들은 너무 행복하게 자라고 있었다.

그래서 나는 아이도 키우고 일도 하는 건 그리 어렵지 않겠다고 막연히 생각했다. 하지만 이제는 알았다. 한 여자의 성공 뒤에는 다른 어떤 여자의 희생이 뒤따른다는 걸.

한창 창업 준비 중일 때, 대학의 취업센터에서 문의를 해왔다. 가끔 취업 컨설팅이나 자소서를 봐줄 수 있겠냐는 그런 문의. 동종업계에 취업하려는 친구들을 위해 작은 세미나 등을 열게 된다면, 설명해줄 수 있겠냐는 그런 문의.

목구멍이 포도청이라 알겠다고 했지만 문득 내가 잘하는 걸까 하고 생각하게 된다. 과연, 꿈팔이를 하는 게 옳은 걸까. 취업 후 겪게 될 그 험난한 고비들과, 결혼 후 아이를 낳으며 넘어야 하는 그 산들을 미리 알려주는 게 차라리 현실적이지 않을까. 마음 같아서는 결혼, 육아, 일을 동시에 하려면 마음의 준비를 단단히 해야 할 거라는 얘기를 해주고 싶다. 그러나 차마 그러기에는 취업하려는 친구들 나름의 꿈이라는 게 있지 않은가.

"너는 잘할 수 있어. 다른 사람은 몰라도 너는 여성 임원이 될 수 있을 거야."

정말, 이렇게 희망팔이 해도 괜찮은 걸까.

학생 때 나는 노력하면 다 된다고 생각하던 사람이었다. 가난과 무능력은 노력하지 않았기 때문이라고 생각했다. 앞으로 달려 나가 정진하라. 최선을 다하면 최고가 될 수 있어. 이런 희망 어린 말들이 가치 있다고 생각했다.

물론 틀린 말은 아니지만, 요즘 들어 이런 꿈팔이들이 조금(아니 많이) 불편스럽다. 개인의 노력으로는 이겨내기 힘든 문제들이 쌓여 있다. 특히 일과 육아에 대해서는 더더욱 개인이 어찌할 수 없는 구조적인 문제가 작동한다. 여성들에게 경력을 쌓는 문제는 여전히 큰 고민거리다. 이걸 배제하고 꿈을 논한다면 진짜가 아니다.

그러다 보니 요즘 강연들 교육들 자기계발 콘텐츠들, 좀 불편하

"

경력이 단절되면 나는 뭘 할까.
이 모든 게 멈춰버린다는 건 어떤 기분일까.
아이러니한 건, 이 경력이 너무 좋고
이 일을 너무 사랑해서 멈추는 게 무서운 게 아니라
그냥 항상 뭔가를 하던 내가 멈춰버리는 게
실은 제일 무섭다.

다. 현실은 그게 아닌데 정말 아닌데……. 혀끝에서 맴도는 말들. 하지만 아직 겪지 않은 사람들은 모르는 현실들.

어차피 우리 세대가 과도기의 어려움을 깨부수어 나가야 한다면, 조금은 현실에 가까운 이야기들을 끄집어내고 싶다. 단단해진 마음으로 경력을 쌓으며 오랫동안 경단처럼 다져진 엄마들이 세상으로 나와, 보다 나은 문화를 가진 회사들을 만들어내고 또 다른 경단녀들이 그에 동참해 함께 해나간다면. 일도 육아도 함께 잘할 수 있는 회사를 더 많은 경단녀들이 만들어낸다면, 얼마나 좋을까.

진짜 꿈을 말하고 싶다. '여러분, 여자도 남자처럼 성공할 수 있어요!' 이런 일차원적인 캐치프레이즈 같은 거 말고, 꿈이 현실에 흔들리지 않도록 현실 때문에 꿈이 바뀌지 않도록 '육아도 일도 함께 잘해 나갈 수 있어요. 함께 성공을 만들어나갈 수 있어요. 그 중심에 이렇게 멋진 선배들이 있어요!'라는 말을 해줄 수 있도록.

슬프게도 나는 이번 생에는 그런 선배가 못 될 것만 같다……. 아니다, 그래도 노력해야지.

그렇게 경단녀가 되었다

이토록 낯선 말이 또 있을까. 경력 단절 여성. 연관성 하나 없는 세 단어가 모여 한 여인의 삶에 정지 버튼을 눌러버리는 그 말.

경.력.단.절.여.성.

경력이라는 말이 지닌 지속성은 단절이라는 단어 앞에 무참히 무너지고 그 뒤에 여성이 붙으며 화룡점정 되는 그 마성의 단어, 경.력.단.절.여.성.

그랬다. 나는 경력단절 여성이었다.

처음부터 경력단절 여성이 되고 싶었던 건 아니다. 멀쩡히 대학까지 나오고 번듯한 직장까지 다니던 내가, 최선을 다해 경력단절 여성이 되고자 노력할 리 없지 않겠나.

취업문을 뚫고 정규직 타이틀까지 얻었는데, 어머나 난 이 경력이 너무 하찮아서 캭, 그냥 막, 그냥 단절하고 싶네, 야호!라고 생각할 리 없지 않겠나. 그런데도 나는 경단녀가 되었다.

물론 자발적 선택이었다. 아이는 태어나버렸고 막상 아이를 두고 직장으로 돌아가자니 덜커덕 겁이 났다. 사람들은 엄마가 아이를 직접 키우지 않으면 얼마나 나쁜지 하염없이 이야기했다. (키워줄 것도 아니면서 오지랖들은.) 멘탈이 탈탈 털리고 박살날 게 분명한데도 나에게 떨어지는 건 몇십만 원일 텐데, 고작 그 돈을 벌겠다고 정신건강을 희생하는 건 옳지 않다고 판단했다.

사실 이런 모든 고민의 원인은 따로 있었다. 당시 내가 하던 회사 일이 즐겁지 않았다는 게 가장 큰 이유였다. 돌아가봐야 재미라곤 찾아볼 수 없는 일을 해야 한다는 것, 여전히 이해할 수 없는 조직의 부품으로 살아가야 한다는 것, 와중에 애까지 키워야 하는 워킹맘으로 산다는 것. 이 모두가 겪어보지도 않은 시집살이를 결혼하기도 전에 걱정하는 것같이, 왠지 모를 두려움 그 자체였다.

나는 호기롭게 사직서를 던졌다. 아이를 키우고 나서 생각하자. 2년만 빡세게 키우고 나서 그때 다시 시작하자. 어금니를 악물며 다짐했다. '놔는 흘 스 있따'라고.

하지만 그 어금니는 이내 쉽게 부서지고 말았다. 동기들 승진 소

식에도 박살나는 망가진 어금니를 부여잡고 나는 엉엉 울었다. 남편 연봉이 아주 조금 올라 이직할 때도 샘이 났다. 내 연봉과 당신 연봉은 큰 차이가 나지 않았지만 어느덧 당신 경력은 여전히 아름답게 질주 중이구나 생각하니, 갑자기 온갖 뉴런이 한꺼번에 끊어지는 기분이었다. 그렇게 어금니가 하나하나 부서질 때마다 생각했다.

이대로 멈출 수는 없다. 그렇게 부스러진 어금니를 붙잡고 나는 다시 새로운 삶으로 나아갔다. 이렇게 멈출 수는 없다는 간절함이, 세상이 말하는 모성의 기준을 딛고 일어서게 만들었다. 마치 무언가에 홀린 듯 학업 그리고 창업이라는 놀라운 세계로 한 발 한 발 돌진하기 시작했다. 그것이 얼마나 '찬란한 빡셈'인지 그때는 알지 못한 채로 말이다.

복직을
포기한 이유

사직서를 냈다. 통쾌하게 사직서 한 방 날리고 퇴사하는 게 내 꿈이었지만, 쥐구멍에라도 숨고 싶은 마음으로 도망치듯 나와버렸다.

   5년을 몸담은 회사, 공채로 들어간 첫 직장, 동기들과의 추억, 회사에서의 기억들 모두 저 뒤편으로 사라졌다. 육아휴직 끝에 퇴직을 한다는 건, 송별회도 없는 쓸쓸한 퇴직을 의미한다. 그냥 조용히 인사를 나누고, 익숙해져버린 공백에 아쉬울 것 없는 마무리를 의미한다. 그저 내 이름 석 자만 빠져나오면 그만인 것이다.

   수많은 고민 끝에 내린 결론은 조금 시간이 지난 뒤 일을 시작하자는 것이다. 나 하나만 욕심 안 부리면(여자가 일하는 건 욕심과 이기심이라는 프레임은 정말 지겹고 무섭다) 우리 엄마도 여생을 즐겁게 살 수 있고, 남편도 더 맘 편히 일할 수 있고, 손주 걱정이 끔찍한 시댁도 걱정을 덜할 거라는, 타의 반 자의 반인 선택이다.

하지만 이 선택의 기준이 내가 하고 싶은 것과는 반대급부인 것들이고, 따지고 보면 내가 원하지 않는 선택을 한 것이나 다름없지만 동시에 내가 원하는 선택을 한 것이기도 하다. 참 아이러니하다.

그래, 일이라도 재미있으면 나 몰라라 하고 다니겠지만, 이도 아니고 저도 아닌데 회사까지 다니며 아이를 내 손으로 키우지 못한다는 미안함까지 갖고 살기에는……. 게다가 이거저거 빼고 나면 남는 게 얼마나 있을까.

가사의 수고로움을 시간가치로 매긴다면, 사실 이건 밑지는 장사다. 아이가 하나라면 지금이라도 꾹 참고 다니는데, 하나 더 생긴다면 그땐 어떻게 할까. 내가 지금 돌아가는 건 오히려 민폐일지도 모른다. (그치만 일을 하고 싶다…….)

육아가 힘들어 도망치는 거라는 소리는 듣기 싫은데 몇몇 사람들은 그렇게 이야기할 것이다. 일을 하고 싶다는 말은 이기적인 거고, 돈을 벌어야 한다면 여자가 벌어봐야 얼마나 버냐는 소리가 나올 테니. (사실 적게 버는 것도 아니다. 그저 일을 하고 싶은 것이다…….)

이런 생각들이 꼬리를 물다 보면 어느새 선택에는 내가 없고 타인만 있다.

일반 사기업에서 여성 임원 또는 고위직급으로 올라갈수록 가정과 일을 병행하기에는 어려움이 크다. 누군가는 할 수 있겠지만 내 깜냥은 그게 아니다. 반드시 하나는 포기해야 하는 것이다(사실 그 포기라는 표현도 싫다. 각자 사는 방식이 다를 뿐인데, 엄마의 선택은 왜 꼭 포기를 동반해야 하는가).

여자가 가정보다 일을 중요시하는 건 마치 죄와 같다는 이 사회의 악랄한 편견이 무서울 뿐이다. 그러니 내가 이 악물고 다녀봐야 마흔 정도겠구나. 그때 잘리느니 새 인생 시작하자 생각했지만, 그래도 아쉬운 건 아쉬운 거다.

복귀를 하지 않는 데는 여러 이유가 있었다. 당시 나는 운 좋게도 학교를 다니고 있었고, 일을 할 수 있는 기회의 끈을 조금은 붙잡고 있으니 사직서를 쓰며 버틸 만하다고 생각했다. 그러나 집으로 내몰리는 일하고 싶은 엄마들의 막막함을 생각해보니 가슴이 쓰렸다.

"너 낳고 엄마가 일 그만뒀잖아."

쉽게 들었던 이 말의 뒤편에는 내 이름이 사라지고 누구의 엄마가 되는 자아붕괴의 순간을 이겨낸 엄마가 있다. 그 막막함과 먹먹함. 삼십 대의 여자들은 이렇게 하나둘 희미해져가고 있는 걸까.

그것이 인생이라고들 이야기한다. 여자의 인생은 자식 키우다시절이 간다고. 그렇게 살기 싫은데 그렇게 살 수밖에 없을까 봐, 아무것도 하지 못하는 사람으로 남아버릴까 봐 두렵다. 모든 걸 할 수 있었던 그 마음이 사라지는 게 제일 무섭다.

사직서를 내고 와서 아이를 씻기고 빨래를 개고 설거지를 하고, 그렇게 다시 일상으로 돌아와 엉엉 울어버렸다. 내 손으로 놔버렸지만 못내 아쉬웠다. 결국 나는 대리 진급 앞에서 이렇게 끝나버렸다.

잠시 숨 고른다 생각하자. 맥주 한잔 시원하게 들이켜고 텅 빈 두 손을 본다. 놓아야 잡을 수 있다. 그러니 이제 잡기만 하면 된다. 좋은 엄마, 그리고 꿈꾸는 엄마. 이제부터 잡으면 된다.

사원증보다
더 좋았던 증서

의료보험증에 내 이름이 단독으로 올라간 날, 어른이 된 것 같았다. 어려운 취업문을 뚫고 들어간 회사, 사원증보다 더 좋았던 그 증서. 남편이 몇 번 이직하던 사이 내 이름 밑으로 들어왔을 때, 건강보험증서 피부양자에 오른 남편 이름을 보며 내가 먹여 살릴게 깔깔깔, 했던 기억이 불과 얼마 전.

이제는 내가 남편의 밑에 들어가 있다. 낯설지만 당분간은 받아들여야 할 사실이다. 퇴사 후 내가 정말 퇴사한 건가 싶을 정도로 바쁘게 하루하루를 살아가고 있었는데, 이제 기댈 곳은 남편뿐이라는 사실을 국가가 다시금 확인시켜준다. 진정한 독립의 그날을 위해, 더 열심히 살아야지!

남편과 싸웠을 땐 제안서를 쓰세요

냉랭한 기운이 집안을 휘몰아치던 어느 날 밤. 남편은 여느 때처럼 먼저 방으로 들어가 잠들어버리고, 나는 덩그러니 거실 소파에 앉아 생각했다.

'일을 해야겠어.'

부부싸움이라는 게 원래 그렇지 않나. 싸워놓고도 기억나지 않는 그런 싸움. 어린 시절 책상에 눈금 그려놓고 넘어오면 '주우우욱 어우우'와 같은 수준의 싸움을 크게 벗어나지 않는 것이 평균 나이 33세 젊은 부부의 싸움이다.

그렇다 해도 그렇게 쌔한 날에는 온몸을 휘감는 슬픔에 빠지게 된다. 그날도 그랬다. 처연하게 소파에 앉아 멍하니 생각하다, 이 모든 사태의 원인은 내가 일하지 않기 때문이라는 결론으로 마무리되었다(사실 진짜 원인은 다른 데 있었겠지만).

당시 나는 호르몬의 노예였고 감정은 춘사월 춘향이 널뛰듯 오락가락했으며, 4년간 지지고 볶고 사랑하고 미워했지만 왜 나는 너를 만나서 왜 마음 아프게만 해…… 라고 격정의 대서사시를 썼고, 퇴사를 목전에 두고 심리적 불안감은 이미 최고조에 달했다. 이전과는 다른 나, 일하지 않는 내가 이 불화의 모든 원인이라는 결론은 당시에는 굉장히 탄탄한 논리였다.

미뤄두었던 숙제 같았다. 창업하고 싶은 마음은 있지만 막상 어떻게 어디서부터 시작해야 할지 몰랐던 막막함들. 미약한 자신감마저도 아이를 낳고 키우면서 무너져버려 작은 조각들만 남은 상태였기에 섣불리 시작하기가 두려웠다.

방학 숙제를 미뤄둔 것처럼, 그렇게 한 켠에 남아 있던 창업의 다이너마이트는 어쩌면 불꽃이 붙기를 기다리고 있었는지도 모른다. 종이 한 장과 펜 한 자루를 들고 적어나가기 시작했다. 제안서를 쓰고 내가 해야 할 것들을 찾아가는 과정들. 창업을 해야 하지만 나름의 귀차니즘과 두려움에 미뤄둔 것들을 수면 위로 끌어올리기 시작했다.

지원서를 빠르게 채워나가며 숨도 안 쉬고 타자를 치는 내 모습을 전지적 작가 시점으로 잠시 내려다본다. 절로 기립박수가 쳐지는 광경이다. 안 돼도 할 수 없지, 일단 이 분노를 제안서에 모두 쏟아내겠어. 그런 심정으로 제안서를 쓰다 문득 정신을 차려 시계를 본다. 새벽 4시다.

나는 그날 보았다. 내가 이렇게 분노에 가득 차서 제안서를 빠르게 쓸 수 있는 사람이었음을. 키보드가 생각의 속도를 따라가지 못해 현자타임이 오는 순간을 몸소 체험하니, 역시 인간에게 분노란 최고의 채찍임을 확인했다.

물론 그때 그 아이템으로 창업해 일하는 건 아니다. 좋은 동업자도 만났고 함께 의기투합해 더 꿈 같은 그림을 그려가고 있다. 가끔 아이가 너무 보채고 남편은 야근으로 얼굴 보기도 힘들고 독박육아에 일에 공부도 겹치고 '이게 다 뭐라고, 다 때려치우고 싶다!'라는 생각이 들 때면 그날을 떠올린다.

분노의 키보드 작업이 지나간 뒤 찾아온 성취감. 그리고 이렇게 무언가를 다시 시작할 수 있다는 희망까지. 그날 나는 다시 태어난 것이다.

인생 2막이 그렇게 시작되었다. 펜과 종이 한 장, 그리고 부부싸움과 함께.

젖을 물리며
아이템을 물다

 모유수유를 할 때 필요한 시간은 최소 30분이다. 모유수유를 권장하는 이들은 말한다. 좌젖과 우젖을 고루고루 30분 이상 수유해야 아이가 포만감을 느낄 수 있다고. 나도 그 의견을 적극적으로 받아들여 내 가슴을 내어주고 영혼이 강탈당한 채 30분씩 수유하곤 했다.
 그럴 때마다 나는 내가 소인가 소가 나인가 하는 생각을 멈추지 못하고 흥얼거리는 것이다. 저기 가는 저 기러기 제 좆는가 내 좆는가, 여기 있는 이 여자는 젖소인가 이겼소인가. 그렇게 중얼중얼거리다가 채널을 돌리다 보면 자연스레 홈쇼핑 채널에 손이 멈췄다. 정신없이 쏟아대는 이야기를 한참 듣다 보면 어느새 손에 쥐어 있는 카드와 휴대폰. 이런 패턴이 반복되던 어느 날 생각했다.

생산적으로 멍을 때리자. 그때부터 다양한 아이템을 물색하기 시작했다. 그렇게 멍을 때리면 자연스럽게 젖과 아이템이 함께 도는 경험을 하게 된다.

아이템이랄 것도 뭐 있나. 온 세상 한가운데 육아뿐인 나님에게 필요한 것은 오직 육아용품뿐. 신박하다고 생각한 육아 아이템들은 이미 나 아닌 다른 자본가들이 점령했으니, 세상에는 참 나 같은 사람이 쌔고 쌨다는 생각밖에 들지 않는 날들이었다.

그러다가 문득 너무나 신박한 아이템을 생각해내고 남편이 올 때까지 동동거리며 기다렸다가 저녁 먹으며 아이템을 개봉박두하면 대차게 까이기를 수십 번. 365일간 하루에 총 8번 수유하며 생각해낸 그 수많은 아이템들은 이렇게 빛 한번 보지 못하고 사라져 버리기가 부지기수.

그래도 나는 끊임없이 생각했다. 창업가로서의 어떤 열정을 가지고 있어서가 아니다. 다만 이렇게 뇌가 멈추어버리는 게 두려웠을 뿐이다. 치매에 걸리지 않으려 민화투를 치는 70세 노모처럼 나는 그렇게 계속 무언가를 생각해내야 했다. 젖과 기저귀의 세계에서 빠져나와 생각이라는 걸 하려면 이 방법밖에는 없다고 믿었는지도 모른다.

그때 내 머리가 멈추었다면 지금의 나는 어땠을까. 그때 그렇게 멈춰버린 생각 엔진을 돌리려면 많은 시간이 걸렸겠다고 생각한

다. 조금이라도 더 나로 살기 위해 했던 하찮지만 위대한 생각들은, 다행히도 나를 더욱 풍요롭게 만들어주었다. 생각을 담금질하고 다시 펼쳐내고 그렇게 멈춰진 어떤 시간 안에서, 나는 나름대로 성장하고 있었다. 아이는 나의 젖을 먹고 자라고 나는 젖과 함께 도는 아이템을 먹으며 자라났으니 그래, 좋은 시절이었다고 생각하자(크로스)!

일에 대한 단상

1.

또 시작이다.

너 그래서 집에 틀어박혀서 뭐 할 거냐고,

애 키우고 그러다가 나중에 일이라도 구할 수 있을 것 같냐고.

원래 다들 십 년은 그냥 포기하고 사는 거라고,

그러다가 네 친구들 연봉 육칠천 받을 때 너 뭐 하고 있을 거냐고.

키워준다는데 그냥 꾹 참고 다니지,

네가 뭐 얼마나 대단하게 키울 거라고,

뭐가 그렇게 고민스러워서 그만두려고 하냐고,

현실감각 떨어지는 소리 하지 말라고.

안다, 엄마의 마음.
정성껏 키워놓은 딸의 삶이 이대로 무너지는 거 같아
자기처럼 평생 새끼만 바라보고 사는 거 원치 않으니
너라도 네 인생 살라는 그 말.

2.
나도 하고 싶다.
일하기 싫은 적은 단 한순간도 없다.
친구들 승진 소식이나 동기들 일하는 이야기를 들으면
아직도 이불 속에서 숨죽이며 운다.
난 여기 이렇게 멈춰 있는데 세상은 달려간다.

사람들은 쉬니까 좋냐고 묻지만, 난 단 한순간도 쉰 적이 없고,
풀타임 육아를 해보니 정말 쉽지 않고,
회사를 나가고 싶은 생각이 굴뚝같지만
아니 일을 하고 싶고 조금이라도
나를 찾고 싶은 마음이 솟구치지만 어쩔 수 없다.
내 선택에 책임져야 하니까.

3.

생각해봤다.
워킹맘을 하는 것과 전업맘이 되는 것.
사실 이건 가치관을 어디에 두느냐의 문제이지 정말 정답이 없다.
돈이든, 자기 삶의 명예든, 아니면 아이든,
그 어느 것 하나 중요하지 않은 건 없다.
다만 비중과 경중이 어디에 있느냐 차이.

시간가치까지 고려하고,
가족의 삶의 만족도까지 수치화하고,
양가 가족의 평화를 지키기 위해
나는 지금을 선택한 것이다.
그래서 희생이라고 생각하려 하지 않는다(애써 정신승리).
그리고 서로서로 적당히 희생해가며
차근차근 다른 삶도 준비하고 있다.

4.

그렇다 해도

당장 회사에 가고 싶을 때가 너무나도 많다.

똥 눌 시간조차 없을 때,

하루 종일 빵 몇 쪽으로 입맛 없는 하루를 보낼 때,

오로지 새끼 먹이고 재우는 문제로 고민할 때,

그리고 그게 내 전부처럼 느껴질 때,

가끔 내가 일하던 곳을 지나칠 때,

아기 띠를 매고 추레하게 선 나를 쇼윈도에서 볼 때,

도망치듯 자리를 떠나며

숨죽여 울며

생각한다.

나도 여기 있고 싶다고.

5.

아깝다.
내가 받는 이 처우와 연봉도.
여자가 벌어봐야 얼마나 벌겠냐는 이야기를 들으며,
애는 엄마가 키우는 게 맞다는 속 모르는 소리에
괜히 속이 상한다.
내가 받을 연봉이 크든 작든 아까운 건 아까운 것이다.

이제 무언가를 할 수 있다고 생각할 때
그때 우리는 선택을 한다.
그게 대한민국 보통 여자들의 삶.
모든 선택은 의미 있지만 그 의미만큼 서글프다.
워킹맘에게도 그리고
경력을 단절한 전업맘에게도.

6.

가끔 헤드헌터에게서 오는 '이 자리 어떠냐'는 제안 전화에
포지션을 묻고 있는 나를 보며,
안 될 거라는 걸 알면서도 괜스레 이런저런 생각을 하면
그때마다 남편은 내가 흔들리지 않게 잡아준다.

불확실한 미래를 지지해주는
언젠간 잘될 거라고 믿어주는
그런 사람이 옆에 있어
고단한 하루를 다시금 잡는다.

이런 반복되는 일상에서도
뻥 같지만 아이 때문에 버틴다.

나는 그 말 안 믿었는데,
뻥이라고 생각했는데,
근데 내 일을 포기하게 만든 존재가
일하지 못하는 슬픈 나에게 위안이 된다.

7.
일하고 싶다.
그리고 일을 하게 될 거다.
차분히 살다 보면 아이와 함께 풍부해진 이 삶이
분명 나에게 일을 안겨줄 거다.

그러니 괜찮다.
안 괜찮지만 괜찮다.
괜찮을 거지만 안 괜찮은데
그래도 괜찮을 거니까,
역시 수면부족은 인간을
미치게 만드는구나.

첫, 공모전 당선의 기쁨

초등학교 1학년 때 작은 상장을 받았다. 내 이름이 불리고 교실 앞으로 나가는 그 순간이 아직도 생생하다. 별거 아닌 그 상장 하나를 받아들고 걸어오던 봄날의 공기, 달고 맛났다.

그 뒤로도 일 년에 한 번 정도는 으레 상장을 하나 받아들고 집에 돌아왔다. 애써 쿨하게 무덤덤한 척했지만 실은 너무나 기분 좋았다. 구박이 일상이던 삶에 묵직한 칭찬 한 방. 꽤나 마음 설렜다.

공모전에 제안서를 제출하고 오래 지나지 않아 메일을 한 통 받았다. 최종 선정되었다는 소식. 앞으로 다양한 지원을 해드리겠다는 내용. 처음으로 상을 받던 그 순간을 똑 닮은 공기와 감촉이 느껴졌다. 살아가면서 수많은 메일을 받아보았지만 이번에는 달랐다.

맥주 한잔 시원하게 들이켜고 텅 빈 두 손을 본다.
놓아야 잡을 수 있다.
그러니 이제 잡기만 하면 된다.
좋은 엄마, 그리고 꿈꾸는 엄마.
이제부터 잡으면 된다.

아주 오랜만에 느껴보는, 인정 받았다는 설렘. 넌 아직도 괜찮다는 응원을 받은 기분. 한참 메일을 들여다보았다. 정말 내 아이디어가 좋다고 인정 받았다니, 믿을 수 없다고 몇 번이나 되뇌면서도, 내가 낸 제안서들을 다시 펼쳐보고 닫아보며 히죽거리길 반복했다.

꿈을 꾸었다. 꽤 괜찮은 스타트업의 대표가 되어 유명해지는 꿈. '너무 유명해져서 나의 애먼 과거가 들통나면 어쩌지? 어머나 그럼 곤란한데!' 헛다리도 꽤나 짚었다. '이 사업을 얼마에 팔아야 하나?' 지금으로서는 되도 않는 꿈을 꾸며 그래도 행복했다. 마치 끊어진 다리에 무지개다리가 놓인 듯한 기분이었다. 그 길을 건너 다시 세상으로 나아갈 수 있겠다고 생각하니 마음도 날아다녔다.

그렇게 공모전 당선자들이 모여 오리엔테이션 하는 날, 나는 강력한 고독감에 휩싸였다. 마치 독박육아를 하던 그때처럼 말이다. 모두가 젊고 팀을 이루었고, 모두가 화기애애하고 생기발랄하던 그 날. 홀로 발대식에 앉아 영혼 없이 스크린을 보고 박수를 치고 쭈뼛거리며 사진을 찍고 먼 길을 운전해 다시 집으로 돌아왔다.

또다시 고독하게 아이에게 이유식을 먹이고 아이와 시간을 보내며 생각했다. 팀이 필요하다. 혼자서는 될 일이 아니구나. 나는 그냥 아주 잠깐 꿈을 꾸었나 보다. 아이는 이유식을 먹는 둥 마는 둥 하며 저지레를 쳤고, 나는 바닥에 떨어진 밥풀 조각들을 주워 담으며 하염없이 울었다. 사라진 다리. 다시 돌아가고 싶었던 세상에서 정중히 거절당한 느낌.

  그 아이템은 역시 꿈의 뒤편으로 사라지고 다른 스타트업을 하게 되었지만, 나는 여전히 그날 그 메일을 받았던 기쁨은 잊지 못한다. 주저앉아 있던 나에게 '축하합니다'라는 다섯 글자는 다시 한 걸음을 내딛게 만든 힘이 되었던 것이다.

  아이를 키우면 그렇다. 아이는 매일 나의 이유식도 거절하고 나의 수면 제안도 거절하고 내가 하려는 건 그냥 다 거절한다. 그것이 아이의 일상. 그렇게 매일 거절당하는 나의 존재. 그런 나를 받아주다니. 숨 가쁘게 거절만 당하다가 처음으로 세상이 손을 내밀어준 그 경험!

  그 이후 본격적인 스타트업을 경험하고 나서는 그날 그 손짓을 모른 척할걸 그랬나, 후회도 가끔 밀려오지만, 스타트업의 세계로 들어온 건 여전히 나를 설레게 한다. 이렇게 힘들 줄은 상상도 못 했다. 그래도 다시 세상으로 나아갈 수 있게 되었으니, 힘들지만 참 달다.

당신에게
손을 내밀었다,
엄마이기
때문에

그녀와 나는 관심사가 비슷했던, 일개 '씨버러버(cyber LOVER)'였다. 자주 만나 이야기한 사이도 아니었고 자주 왕래하거나 소통하지도 못했다. 그랬던 그녀가 어느 날 나에게 만나자고 했다. 그 뒤 우리는 두 번째 만남에서 생사를 같이하는 공동 창업자가 되었다.

그녀는 나와 같은 창업 프로그램에 지원했고 나는 개인 사정으로 그 과정을 참여하지 못하게 되었다. 잘 듣고 와서 피칭해. 우스갯소리로 말했을 뿐이다. 아이디어 좋으면 같이할게. 그 실언이 진언이 될 줄이야.

한남동의 한 고급 키즈 카페. 분주한 걸음으로 들어온 그녀가 노트북을 켰다. 그리고 비장하게 말했다.

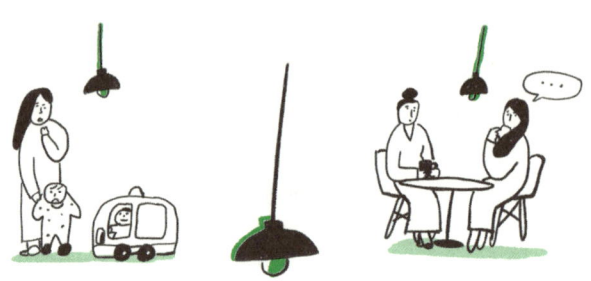

"너한테까지 까이면 나 안 할 거야."

그녀는 5분짜리 피칭을 준비했는데 그 사업 내용을 모두 듣기까지는 60분 정도 걸린 것 같다. 할 말이 많아서가 아니라 틈틈이 나를 찾아대는 아이 덕분에 키즈 카페를 유랑하며 대화를 이어갔기 때문이다.

비즈니스 콘셉트를 이야기할 때는 볼풀장에서 영혼리스한 볼풀을 아이에게 던지며, 타깃을 이야기할 때는 에어바운서에서 방방 뛰며, 그토록 열악한 상황에서 그 모든 이야기를 최선을 다해 듣고는 주저 없이 그녀에게 말했다.

"그래, 하자!"

그 고된 길을 가겠다고 생각했던 이유는 단 하나. 아이에게 꾸준히 들들 볶임을 당하는 이 최악의 상황을 우리는 누구보다 잘 이해하고 있다는 것. 그녀도 나도 엄마라는 이유 때문이었다. 엄마가 만드는 엄마들을 위한 서비스, 엄마들이 만드는 엄마들이 일하기 행복한 회사. 그것만으로도 충분했다. 그리고 그 엄마들을 위해 많은 가치를 공유할 수 있는 회사를 만드는 게 꿈이었던 나에게는 더할 나위 없는 선택이었다.

그날 여느 때와 다름없이 아이를 어린이집에 보냈다면 우리는 어떻게 되었을까. 아마 우아하게 대화를 마치고, 나에게 충분히 생각할 시간을 주겠다는 그 말에 우아하게 화답했을 것이다. 응, 그래

고민 좀 해볼게. 그리고 고민과 더불어 사라졌을지도 모른다. 어찌 보면 아이가 함께 있었던 그 정신없었던 순간이 내 판단력을 흐려 놓은 것 같다. 그녀와 함께한 지 2년차, 나의 선택에 후회하지 않는다. 우리는 충분히 '그로잉'하고 있으니 말이다.

엄마들이 하는 창업은 우여곡절이 정말 많다. 그렇지만 그 우여곡절을 엄마이기에 함께 겪으며 이해해줄 수 있었다. 나는 알고 있다. 앞으로도 우리는 보통의 창업가들보다 수십 배의 어려움을 더 겪을 것임을. 아이는 최선을 다해 전염병을 달고 올 것임을. 우리 남편들은 가끔씩 우리 일을 진심으로 지지하지 않을 것임을. 어른들은 결정적인 순간 우리 일을 부정하고 어미로서의 책무를 온전히 다하지 못하는 죄를 심판하려 하실 것임을.

그때마다 우리는 에미가 창업을 하는 게 죄야! 하고 쿨하게 서로를 위로해줄 수 있으리라 믿는다.

우리는, 같은 꿈을 꾸는 엄마이니까.

모성을 지키기 위해 모성을 밀어내다

역사는 모두 밤에 이루어졌다

아이를 갖게 된 것은 내게 인생의 큰 전환점이 되었다. 엄마가 되어 새로운 인생을 살게 되었다는 구태의연한 표현이 아니어도, 나는 어쩌면 엄마가 되면서 나를 더 잘 발견하게 된 것 같다. 그러니 내 인생에서 중요한 역사는 밤에 이루어졌다고 할 수 있다. 물론 이 아이가 과연 밤에 이루어졌는지 아닌지는 나도 잘 모르겠지만. (응?)

이후로도 내 삶의 많은 역사들이 모두 밤에 이루어졌다. 경력단절이라는 선택을 내리던 그 순간도 고요한 새벽녘 거실 쇼파에서였고, 다시 무엇인가를 해봐야겠다고 마음먹고 자리에 앉아 키보드를 두드린 때도 새벽이었다. 이렇게 내 삶의 많은 역사는 밤에 피어나고 있었다.

대개 나의 일상은 크게 세 등분 된다. 아이가 등원해 있는 낮 시간, 아이가 하원하고 나서 자기 전까지, 그리고 아이가 자고 난 뒤의 밤 시간. 아이가 등원해 있는 동안은 일터로 나가 일하고 그 짧은 시간 동안 숨 가쁘게 하루를 보내고 집으로 돌아온다. 아이를 데리고 집에 와 아이를 돌보는 5시부터 9시까지, 우리는 닥치고 부재중. 아이가 잠든 뒤 못 다한 집안일 처리중. 다시 10시쯤 자리에 앉는다. 나만의 작업 공간(그래봐야 식탁)에 앉는다. 캔맥주 하나를 딴다. 그때부터 늦은 새벽까지 무언가를 계속 만들고 작성하고 밀린 일들을 처리한다.

이렇게 나에게 밤은 많은 의미를 준다. 아이가 자고 난 이후의 시간, 내가 무엇인가를 마음 편히 오롯이 할 수 있는 밤 시간. 육아를 퇴근하고 나서 시작되는 밤의 일상은 그렇게 온전히 나의 것. 내가 나에게 집중할 수 있는 시간. 나는 활짝 피어난다.

그 밤 시간에 나는 수많은 제안서를 썼고, 수많은 서비스를 기획했고, 글 쓰고 강의를 개발했다. 그 밤의 시간 동안 회사는 놀랄 만큼 성장해왔고 그 밤의 시간 동안 나의 인생에도 많은 역사가 이루어진 것이다.

누군가 나에게 톡을 보낸다. 혹시 자요?

나는 그녀에게 답한다. 그럴리가욧. ㅋㅋ

그녀는 말한다. 제발 잠 좀 자요, 돌겠어요. ㅋㅋㅋ

1:30

나도 누군가에게 톡을 보낸다. 혹시 자요?

그녀는 나에게 답한다. 그럴리가욧. ㅋㅋ

자요?라고 톡을 보낸 건 아마도 새벽 1시 30분.

술 마신 구남친도 아닌데 자냐고 새벽마다 찌질찌질 묻는 나.

하지만 그 질문이 무색하게 빨리 돌아오는 답장.

그럴리가욧. ㅋㅋ

새벽 1시 30분은 우리가 가장 화끈하게 타오르는 워킹타임이다. 서로 연락하기 약간 미안해지는 시간이 새벽 3시 정도이니 말 다했다. 우리는 이렇게 외롭고 스산한 새벽에 서로를 다독이며 일한다.

함께 창업 전선에 뛰어든 동지 무리들. 엄마라는 이름, 그리고 창업가라는 이름의 무게를 함께 지고 소처럼 일하는 그녀들. 왜 아이를 낳고 나서야 순수한 열정이 생겨버려 이렇게 열심히 일하는 건지 모르겠는 불가사의한 생명체들. 자기 인생을 최선을 다해 자기가 꼬고 있는 멋진 여자들. 그렇게 우리들은 정말 수명을 갉아먹어 가며 새벽을 지새운다.

누군들 새벽에 그렇게 일하고 싶겠나.

엄마 창업가들에게, 특히 아이를 직접 키우며 창업하는 엄마들에게는 어쩔 수 없는 운명이다.

새벽 1시 30분, 유일하게 내가 나로 살아갈 수 있는 얼마 안 되는 시간. 우리는 이름 석 자를 지키기 위해 오늘도 좀비 같은 눈으로 밤을 빛낸다.

어른들은 나에게 말한다. 애 엄마가 그렇게 늦게 자면 어쩌자는 거냐고. 생각이 없어도 한참 없다고. 밤에 잠을 안 자면 애는 아침에 어떻게 챙기느냐고. 온갖 타박을 받지만 그래도 나는 여전히 밤에 나의 수많은 역사를 만들어내리라.

아, 물론 세 번째 아이의 역사만 빼고 말이다.

"

함께 창업 전선에 뛰어든 동지 무리들.

왜 아이를 낳고 나서 순수한 열정이 생겨버려

그렇게 일하는 건지 모르겠는 불가사의한 생명체들.

자기 인생을 최선을 다해 자기가 꼬고 있는 여자들.

그렇게 우리들은 정말 수명을 갉아먹어가며

새벽을 지새운다.

집에서 일을 한다는 것

"나도 자택근무 하고 싶다. 얼마나 좋을까!"

사람들이 나에게 부럽다고 한다. 자기 시간을 편하게 조절할 수 있으니 얼마나 좋냐고 한다. 그럴 때 나는 피식 웃으며 대꾸한다.

"출근은 축복이야."

번잡하게 얽혀버린 삶. 어떤 이들은 자택근무를 하면 우아하게 커피 한잔 내린 뒤 책상에 앉아, 품위 있게 손가락을 들어 노트북의 파워 버튼을 누를 거라고 생각하지만 현실은 전혀 그렇지 않다.

아이를 어린이집에 보내는 전쟁을 한바탕 치른 뒤부터, 목 늘어난 티셔츠와 냉장고바지를 입고 대충 눈곱을 떼내는 시큼한 일상으로 나의 업무가 시작된다. 물론 커피를 마시려고 노력하지만 대개 귀찮아서 바로 넘겨버린다. 모카포트로 내려먹는 아메리카노라니 사치스럽다. 커피를 내려 마시는 사소한 사치가 샤넬 백 같은 부담으로 엄습하는 일상. 믹스커피 한잔 섞어 마시기에도 누추한 일상 앞에서 하루는 이토록 번잡하게 시작된다. 미처 끝내지 못한 지난 새벽의 일들과 아침에 처리해야 하는 무수하게 많은 일들. 농부가 이삭 베어내듯 숨 가쁘게 쳐내고 나서 정신을 차려보면 어느새 12시.

그렇게 점심시간이 되었다. 이때 나는 아주 섬세하고 신중하게 이후 일정을 고민한다. 하원까지 남아 있는 4시간 동안 나의 위장 따위에 음식을 허락할 여유란 없다. 정작 그리해도 괜찮은 존재일까 진지하게 고민하다 보면 시간은 속절없이 흘러가버리고 만다.

이런 것이 고민할 거리냐고 묻는다면 이렇다. 나에게는 점심을 차려주는 사람이 없기 때문에 요~오리를 하거나 밥 하는 것 또한 나의 몫. 이 노동을 또 하느니 차라리 굶는 게 남는 장사라 생각하며 또 사뿐히 점심을 패스한다.

하지만 이윽고 배가 고프다는 생각이 든다. 왜 나는 3시에 이런 고민을 하고 있는 걸까. 분명 하원까지 얼마 남지 않은 이 시점에 나라는 인간은 왜 이토록 굶주림에 무너지느냔 말이다. 그렇게 진지하게 고민하며 나는 결국 3시 반에 점심을 먹는 비극 앞에 선다.

특별한 어느 하루의 경험이 아니다. 내게 매일 일어나는 삶의 단

면이다. 일과 생활이 번잡하게 얽혀 있는 현실에서, 일에서 삶을 덜어내지도 못하고 삶에서 일을 덜어내지도 못하고 끙끙대며 살아가고 있는 것이다. 집에서 일을 한다는 건 일과 삶이 마치 소화불량 같은 상태로 꾸역꾸역 이어지는 것과도 같다. 빨래를 돌리고 일을 하거나 설거지를 하고 일을 하는 것. 이렇게 일이 조각나는 일상의 단편들은 그렇게 여유롭지도 아름답지도 않다. 하지만 독립된 사무실을 얻는다는 건 초기 창업자에게는 사치일 뿐. 그러니 정신 줄 붙들어 매고 버틸 수밖에.

어릴 때는 그토록 집에서 나가고 싶었다. 독립해 내 집에서 내 가정을 꾸리고 살고 싶었다. 그렇게 내 가정과 내 집이 생기고 나니 또 다른 내 공간이 필요해졌다. 집, 엄마로 살아가는 그 공간이 아닌 내 이름 석 자가 살아 있는 공간 말이다. 집은 그냥 집인 게 좋은 것 같다.

그러니 '집에서 일하니까 참 좋겠어요'라는 말, 하지 말아주세요. 지금도 이 문장 하나 쓰고 세탁기 돌리고 왔거든요.

왜 하필 스타트업?

경력을 이어가는 방법은 다양하다. 어떤 사람들은 새로운 조건의 일을 다시 찾아가거나, 아예 새로운 직업을 찾아 전문가가 되기도 한다. 나도 그랬다. 아이가 생긴 뒤, 나는 더 이상 무언가를 책임지거나 맡지 않게 되었다. 당시 회사 분위기도 그랬지만 곧 휴직할 게 뻔한 사람에게 굳이 일을 줄 필요가 없다고 생각했던 것이다. 회사에 앉아 불길한 미래를 잿빛크레용으로 칠하고 있는 것. 내 하루의 수많은 일과였다.

아, 내 경력은 아마도 이렇게 끝날지도 모르겠구나.

주변 선배들을 돌아보니 그랬다. 일하는 것은 좋지만 의미를 찾지 못했다. 그리고 그녀들을 압도하고 있는 죄책감은 이루 말할 수 없었다. 아이도 일도, 무엇 하나 제대로 하지 못하고 있다는 생각. 워킹맘으로 꽤 길게 일해온 대선배는 나에게 이렇게 말했다.

"너는 일하지 말고 아이를 키워. 난 후회가 돼."

혼란스러웠다. 조직도를 펼쳐보니 온통 아저씨들뿐인 조직. 여기에서 내가 어디까지 올라갈수 있을까 생각해보니 까마득했다. 난, 그저 내 일을 오래 하고 싶을 뿐인데……. 그것이 이렇게 어려운 일이라곤 생각해본 적이 없었다. 그때 나는 스타트업에 눈을 돌리기 시작했다.

스타트업을 정의하는 무수한 말들 가운데서 나는 '유연함'이라는 말에 매혹되었다. 그래, 아이를 키우면서도 유연하게 일할 수 있을 거야. 스타트업이라면(후에, 나는 이 생각이 얼마나 어리석은지 알게 되었지만). 그렇게 나는 스타트업을 조심스레 염탐하게 되었다.

휴직, 그리고 퇴사를 선택하고 나서 아이를 키우면서도 내가 내일을 할 수 있는 방법을 고민하게 되었다. 그렇게 나는 궁금해하던 스타트업 세계로 발을 내딛게 되었다. 처음에는 아는 선배의 회사에서 시간제로 조금씩 일하며 창업의 시작을 배워갔고, 창업과 관련한 교육들을 들으며 차근차근 창업을 준비해 나갔다.

그러고 보면 한 생명을 키워낸다는 점에서, 아이를 키우는 것과 스타트업은 닮아 있다. 태어나 한참 동안은 아이들이 부모의 손을 필요로 한다. 그렇게 해야 간신히 인간 구실을 하며 살아갈 수 있다. 회사도 마찬가지다. 창업 초기 3년까지는 창업자의 손이 어마무시하게 필요하다. 인생을 내걸고 일하는 것도 그 때문이다. 그리고 그렇게 해야만 회사가 회사로의 구색을 갖춰나가게 된다. 매순간 재빨리 판단해야 하고 유연해야 하며 섬세하게 돌봐야 한다. 그러니 회사를 운영하면서 나는 많은 순간에, 육아와 닮아 있는 모습을 발견한다. 그리고 그렇게 키워낸 회사는 마치 아이처럼 큰 기쁨이 되기도 하고, 큰 슬픔과 좌절을 맛보게도 한다.

사업도 하나의 유기적인 생명체라고 한다면, 아이를 키워본 경험은 사업을 하는 데 상당히 도움이 된다. 그래, 사람도 키웠는데 회사 하나 못 키우겠나.

왜 하필 스타트업을 했냐, 그래, 애를 셋 키우려고 그랬나 보다. 팔자에도 없는 아이 셋. 어화둥둥 두 명의 아이와 한 명의 회사를 둥실둥실 데리고 간다. 이놈의 을의 인생은 언제쯤 끝나려나, 언제쯤 쩔쩔매는 삶이 끝나려나 싶다가도, 그래도 이 꼬마 녀석들 언젠가 나에게 큰 웃음 주겠지, 그 생각에 오늘도 버틴다.

모성을 지키기 위해 모성을 밀어내다

 모성, 이 얼마나 아름다운 말인가? 모성이라면 뭐든 다 이뤄낼 수 있다는 그 신화. 여자라면 날 때부터 모성을 탑재하고 태어난다는 그 편리한 굴레. 엄마가 지닌 그 모성이 마치 빨간약처럼 모든 것을 치료하고 안아줄 수 있다고 믿는다. 그러니 엄마에게 모성이 없다는 건 죄악과도 같은 일이다.
 신생아를 두고 학업을 시작하고 그 신생아가 좀 더 자라 손이 더 갈 때쯤 창업을 고민하는 나란 에미는, 모성의 신화가 가득한 세상에서 볼 때 엄마로서는 거의 함량 미달의 여인이 되겠다고 선언하는 것과 같았다.
 누군가 나에게 말했다. "넌 모성애가 약한 것 같아." 그러면서 시베리아 벌판에서 마시는 코코아같이 너무 따뜻하고 달콤한 위로까지 해주는 것이다. "세상 모든 엄마가 다 모성애가 강하지는 않대." 그때 깨달았다. 저렇게 성심성의껏 헛소리를 할 수 있는 것도 큰 재주라고.

나는 내 아이를 사랑한다. 아이를 위해 기꺼이 회사도 그만둘 만큼 아이를 잘 키워내고 싶은 욕구가 강한 사람이다. 키우기 분야의 전문가가 되기 위해 공부도 시작했다. 아이를 보면 누구보다 눈에서 하트를 발사하는 새끼 바보이기도 하다.

하지만 아이를 낳고 나서 깨달은 것이 있다. 나는 아이를 사랑하는 것만큼 나를 사랑한다. 내 존재가 사라지는 것처럼 느낄 때 나는 최고의 불행을 느끼는 사람이다. 그러니 나는 아이들을 위해서라도 나의 존재를 지켜내야 하는 사람인 것이다. 그게 우리 모두를 위해서 옳다.

그런 나에게 기존의 세상이 만들어놓은 모성은 아름다움이 아니라 굴레같이 느껴졌다. 모성애를 강요하는 세상에서 나름의 방식으로 아이를 사랑하지 못하는 현실에 숨이 턱턱 막히기까지 했다.

그러던 중 '마더후드(motherhood)'라는 말의 진짜 의미를 오래지 않아 깨달았다. 모성은 성장한다는 사실이다. 아이가 태어나는 순간 마법의 물약을 먹은 것처럼 탑재되는 아이템이 아니라, 아이가 자라는 전 과정을 통하여 배우고 익히는 것임을 말이다. 아이와 함

나는 아이를 사랑하는 것만큼 나를 사랑한다.
내 존재가 사라지는 것처럼 느낄 때
나는 최고의 불행을 느끼는 사람이다.
그러니 나는 아이들을 위해서라도
나의 존재를 지켜내야 하는 사람인 것이다.

께 성장하는 것이 바로 엄마의 모성이라는 사실을 말이다.

세상으로 다시 나온 나에게 누군가는 모성이 부족한 엄마라는 불편한 시선을 내비친다. 너는 아이를 집에 두고 나와 무엇이 그렇게 즐겁고, 무엇을 그렇게 희생하려 하지 않느냐라는 질책도 서슴지 않는다. 엄마가 되어놓고, 너 자신을 그렇게 지키려는 것은 욕심이라고 손가락질하기도 한다.

그러나 나는 이야기한다. 내 모성이 건강하게 성장하도록, 아이와 함께 나를 지키는 최선의 방법을 생각해낸 것이라고. 그렇게 계절이 바뀌고 아이가 커갈수록 아이에 대한 나의 사랑은 나를 사랑하는 것 그 이상으로 잘 성장해왔다고, 나는 나의 모성을 지키기 위해 세상의 모성을 밀어냈다고 말이다.

제발, 아프지만 말아줘

새벽을 때리는 문자 소리. 수.두.인.거.같.아. 공동 창업자의 문자에 잠시 멘붕에 빠진다. 어.쩌.냐. 아.이.가.아.픈.데.

아이가 어린이집에 못 가는 상황이 되면 회사는 대 혼돈에 빠진다. 특히 하루이틀 아프고 나을 만한 상황이 아니라 전염성 강한 질병에 걸리면 더더욱 그렇다. 그러니 나는 아이가 열이 오르면 제일 먼저 손과 발, 그리고 입안을 살핀다. 다른 건 몰라도 수족구는 안돼 하며 말이다.

아이가 아플 때, 슬프게도 슬프기 전 먼저 한숨부터 나온다. 솔직히 그런 생각을 하고 있는 나 스스로가 한심하기도 하고 이러고도 엄마냐 싶기도 하지만, 직장이라도 다녔다면 여차하면 마이웨이로 눈치 안 보고 휴가라도 질렀겠지만, 사업 초기 생사가 달려 있는 일들에 모두 연관되어 있으니 하루라도 일을 놓을 수 없는 게 현실이다. 그러니 아픈 아이도 걱정이지만 첩첩으로 쌓여 있는 일들에 대한 걱정들로 한숨부터 나온다.

사실 나의 시간은 상대적으로 유연하다. 누군가의 눈치를 볼 일이 없으니 시간을 편안하게 활용할 수 있다. 하지만 한 가지 사람들이 모르고 있는 사실은, 시간은 유연한데 시간이 없다는 것이다. 하루를 분초 단위로 끊어서 살아가느라 고단한데 유연성을 발휘하기란 정말 쉽지 않다. 그런데도 가족에게 중요한 일이 있다거나 누군가가 시간을 빼야 하는 상황이 생기면 내가 언제나 그 우선순위로 올라간다.

그렇기에 나의 시간은 언제나 가정에서 변동값이다. 아이가 아파도 내 시간을 빼야 하고 부모님에게 일이 생겨도 내 시간을 빼야 한다. 그런 다음 내가 절대 안 될 때 차선책으로 남편의 시간으로 가는 것이다. 그렇게 시간을 한번 비워야 하는 상황이 되면 나는 전쟁 같은 일정을 짜야 한다. 아이를 어떻게 맡겨야 할지, 미팅 일정을 몇 시로 바꾸어야 할지, 그 외 변동 불가인 일정들을 어떻게 처리해야 할지……. 고민은 오로지 나의 몫. 감당해야만 할 몫.

문득 억울해지기도 한다. 아이가 아파서 아빠가 휴가를 내면 대한민국 직장 생활하는 남자들은 아마 백이면 백, 바보 같은 녀석 와

이프는 뭐하는데, 라고 할 테니. 사실 아빠가 휴가 낸들 아이를 돌보는 게 익숙하지 않으니, 이 모든 것은 엄마 몫. 그러게 왜 엄마가 되어 바쁘고 그러니, 혼자 자책해본다.

그러고 보니 어릴 때 엄마들끼리 모여 하는 이야기를 들었던 장면이 생각난다. '그집 엄마는 바쁘잖아.' 그 말에 섞여 있던 비아냥과 조소의 목소리. 그랬다. 엄마가 바쁜 건 언제나 죄였다. 누구도 열일한다, 칭찬해주지 않는다. 성공한 여자 뒤에는 바빠서 집안을 내팽개친, 자기만 아는 이기적인 여자라는 꼬리표가 따라붙었다. 그리고 뒤에서 수군거렸다. 그러니 헬조선에선 아빠가 열일하면 산업역군, 엄마가 열일하면 가정파탄.

나는 아이를 위해 기꺼이 사이드브레이크를 채우기로 한다. 그런 비아냥들을 딛고 가정과 일 모두 내 방식대로 잘 가꾸어가기 위해. 그런 비아냥거리는 사람들 입에 사이드브레이크를 채워버리기 위해. 바쁘고 힘들지만 때로는 아이를 위해 잠시나마 기꺼이 나를 멈출 수 있는 그런 엄마가 되기 위해, 멈추어 있지 않을 때 더 열심히 또 더 열심히 달린다.

토요일엔 너님도 독박육아 하세요

토요일에 일정이 잡히면 죄책감에 시달린다. 심지어 그 일정을 정하기 전에 남편의 동의를 구하는 건 기본. 동의를 구하려고 물어보는 그 순간마저 오금이 저리고 똥꼬가 쫄깃쫄깃. '괜찮아?'라고 묻는 카톡 창에서 그 세 글자를 적고 있는 내 손가락이 이토록 짜증날 줄은.

남편은 아주 보통의 대한민국 남자다. 아니, 사실 보통 이상인 대한민국 남자라고 할 수 있다. 적어도 사업한다는 와이프를 막아서지 않는 것만으로 정말 아량이 넓은 남자다. 시어머니가 아시면 조금 속상하실 수도 있겠지만, 음식물쓰레기 처리나 휴지통 비우기 등등 다양한 살림살이를 나누어 처리하는 것도 우리 부부에겐 익

숙하다. '도와준다'라는 표현을 쓰지 말자고들 하지만, 어쨌든 남편은 많은 부분에서 정말 도움이 되는 사람, 나를 지지해주는 사람이라는 건 확실하다. 그런데도 나는 여전히 남편의 눈치를 살살 보며 이렇게 하루하루 연명하고 있다. 특히 토요일에 일정이 잡히면 더더욱 눈치를 보게 되는 이 현실.

남편은 주말 출근도 아무렇지 않게 한다. 대한민국 사회에서, 주 5일에 40시간 근무하며 나이스하게 회사 다닐 수 있는 사람들이 몇이나 되겠나. 그러니 남편은 주말에도 종종 출근하곤 한다. 그때마다 나는 독박육아를 아무렇지 않게 감당한다. 뭐, 일하는데 그럴 수 있지 하며 말이다.

근데 왜! 나는 이렇게 바보같이 일하는 건데! 토요일에 일하러 가는데 그럴 수 없다고 생각하고 있는 건데? 그러다 남편이 다녀오라고 하면 왜 또 '고마워'라고 답장하고 있냐는 말이다. 그것도 너무나 비굴하게 고맙다고 말이다.

그냥 쿨하게 '고마워 다녀올게'가 아니라, 구구절절 아이 밥은 먹이고 가겠다는 둥, 다녀와서 어떤 집안일을 하겠다는 둥, 아이 재우는 건 걱정하지 말라는 둥, 왜 그런 부연설명을 늘어놓고 있냔 말이다. 제발 멈추어다오, 이 미친 손가락.

그렇게 어쩌다 아이를 하루 종일 맡기고 나온 토요일, 전전긍긍 남편의 눈치를 보다가 순간 깨달았다. 그 사람은 정말 아무렇지 않은데 나 혼자 죄책감에 사로잡혀 난리 블루스를 추고 있음을. 이 모든 것이 내 죄책감이 만들어낸 일종의 피해의식임을.

당신의 주말 출근이 나에게 괜찮듯 나의 주말 출근도 괜찮아야 옳다. 남편에게뿐만 아니라 나에게도 말이다.

토요일, 너님도 독박육아 하세요. 가끔은 저도 주말에 일이라는 걸 해야 하니까요.

아이를 안고 개발 회의에 가던 날

개발자와 중요한 미팅이 있던 날. 어린이집 하원 시간에 간당간당 잡힌 일정. 그 한두 시간의 미팅을 위해 주변에 양해를 구하고 아이의 하원 시간 이후를 봐달라고 부탁할 것인가, 아니면 다른 대안을 찾아볼 것인가. 마치 매트릭스에 등장하는 빨간약과 파란약을 선택하는 기로와 같다. 뭘 고른들 쉽지 않은 선택. 선택의 기로 앞에 놓여 결국 아이를 데려가기로 결심했다.

이렇게 결심하기까지 너무 오랜 시간이 걸렸다. 나의 사랑스러운 첫째아이는 섬세하기가 극세사 같아서, 다른 사람들을 만나 적응하는 데 시간이 걸린다. 그렇다 보니 새로운 환경에 무턱대고 노출하기가 조심스러웠다. 아이야 그렇다 치더라도 사람들 만나는 데

"

아이가 아파서 아빠가 휴가를 내면
대한민국 직장 생활하는 남자들은 아마 백이면 백,
바보 같은 녀석 와이프는 뭐하는데, 라고 할 테니.
이 모든 것은 엄마의 몫.
그러게 왜 엄마가 되어 바쁘고 그러니,
혼자 자책해본다.

애가 난장을 치기라도 하면 난처해지는 것은 아주 순식간. 낯설고 힘들어 그러는 애를 혼내기도 미안하고(그럴 거면 데리고 가지 마라 말이야), 그렇다고 아이의 요구를 다 들어줄 수도 없으니 쉽지 않은 상황이 벌어질 게 불 보듯 뻔하다.

그런데도 초반에 약을 잘 팔아두고 아이에게 양해를 구하자는 앙큼한 생각을 하며, 아이와 함께 개발자 회의에 가는 날. 코엑스에 가서 이곳저곳 둘러보며 시간을 보내고 즐거운 행사도 보여주고 기분을 한껏 신나게 만든 뒤 회의에 들어갔다. 조마조마했지만 아이는 생각보다 잘 참아준다. 손에 휴대폰을 쥐여주고 이런저런 이야기를 나누는 동안 아이는 꽤 오랜 시간 잘 기다려준다. 그 한 시간 반 동안 나는 벅차오르는 감동에 바보처럼 눈물을 흘릴 뻔했지만, 애써 괜찮은 척 개발자느님들에게 태연한 척했다.

그 뒤로도 아이와 함께하는 회의는 계속된다. 가끔 아이가 엄마 회사에 가고 싶어하는 날에는 데리고 출근하기도 한다. 다행히도 함께 일하는 파트너들은 이러한 내 상황을 십분 이해한다. 그러려니 하고 자연스럽게 받아들인다. 나 또한 아이를 데리고 일터로 가는 것에 거부감을 갖지 않는다. 충분히 그럴 수 있고, 그렇게 가능한 상황을 만들어가는 것이 바로 내 일이자 위치라고 생각하기 때문이다. 엄마가 일하는 모습을 지켜보며 아이는 어느 날, 나에게 속삭였다. 엄마, 멋있었다고.

어쩌면 이런 날들을 기다렸는지도 모른다. 이런 날들을 위해 창업을 하게 되었는지도 모른다. 일하는 엄마와 그런 엄마를 자연스럽게 지켜보는 아이. 엄마의 일상 속에 자연스럽게 녹아 있는 아이와 아이의 기억 속에 자연스럽게 기억되는 엄마의 삶. 우리는 각자의 삶에서 가장 자연스러운 시작을 함께 해나가고 있다.

꿈에 대한 단상

1.

출산하고 호르몬의 정복 욕구로 인해
개꿈을 많이 꿀 때가 있었다.
스타벅스에 가서 모유라테 달라고 한 게
모유수유 할 때였던 듯.
심지어 그란데 사이즈 달라고
코스모폴리탄처럼 말했는데…….
왜 휘핑크림 빼고 저지방으로 해달라고 하지.

그러고 보니 하나 더.

커피를 시켰는데 젖병에다 줬다.
젖병을 무는 건 내 딸인데
나는 아주 맵시 있게 젖병을 빨며
모닝라테를 즐겼다.

2.

가끔 남자 연예인들이 꿈에 나오곤 하는데
김수현이 기저귀를 차고 있다던가
공유가 점프수트를 입었다던가
얼굴은 연예인인데 몸은 애기인 경우가 많다.
엄마의 뒤틀린 욕구란…….

3.

꿈에서도 나는 애 엄마다.
슬프지만 꿈속에서조차 사과를 하고 다닌다.
그냥 숨 쉬는 자체가 나는 미안한가 보다.
프로이트 이 망할 양반.
내 꿈 좀 해석해봐.

4.

꿈 중에 가장 무섭고 현실적인 꿈은
애를 잃어버리는 꿈이다.
사실 나는 아이를 잃어버리는 것보다는
까먹고 나와서 놀다가
갑자기 내가 아이를 낳았다는 생각에
부리나케 집으로 가는 꿈을 종종 꾼다.

그럴 때 관리사무소에 전화해서
경비 아저씨에게 우리 집으로 올라가달라고
비밀번호까지 알려주며
아 비밀번호 가자마자 바꿔야겠네, 라고 생각하는
쓸데없는 디테일과 항상 비가 내려서 올림픽대로가 막히고
그 와중에 빗물이 창가를 적시고 내 눈물도 같이 얼룩지는
고퀄리티의 스토리라인과 미장센을 가진
그런 꿈을 꾸고 나면 정말 오금이 쫄깃해진다.
눈을 떠서 내 딸이 내 눈앞에 있음을 확인하고
다시 자는데 또 빗물과 올림픽대로와
핸드폰 전원이 꺼지는
그런 디테일이 연결되는 게 함정이지만…….

그럴 땐 꿈인 걸 알면서 생각한다.
진짜 지랄이 풍년이라고.

5.

학창시절 꿈을 꿨다.
어제는 초등학교 동창들이 무더기로 나왔는데
나만 애 엄마였다.
대부분 내가 치는 대사는
"제가 애 엄마라······"로 시작했는데
동창들에게도 연신 사과를 하며 사탕을 쥐여줬다.

내 딸이 놀이터에 나가 누구 해코지할까 봐
굽신거리고 다니는 내가 거기에 있었다.
정말 내 무의식에 들어 있는 게 이런 것뿐이라면
와, 나는 정말 뼛속까지 엄마구나,
나는 끊임없이 꿈에서도 싸우고 있다.

애는 누가 키우나요?

나
임신했어

테스터기에 두 줄이 뜨자마자 남편과 공동 창업자에게 동시에 사진을 보냈다. 기다리던 둘째가 왔던 순간이자 회사가 법인을 설립한 지 3주 정도 지났을 때의 일이다.

"오, 축하해!"라는 말을 듣고 나는, 첫아이를 가졌던 때를 떠올렸다. 아이를 가졌다고 이야기했을 때 회사 팀장은 무척 당황했다. 내가 팀장 아이를 가진 것도 아닌데 팀장은 당혹스러움을 감추지 못했다. 축하한다는 말 대신 들은 건 "언제 출산휴가 들어가?"라는 말. 인력이 빈다는 것, 그건 소규모로 짜임새 있게 돌아가던 팀에서는 좋지 않은 일인 것이다. 마침 증권업계에서 대규모 인력조정이 있었던 직후였기 때문에, 팀장에게 내 임신은 부담으로 작용할 수

밖에 없었다.

나는 그런 사정을 알면서도 내심 서운했다. 그래서 "한 3개월 쉬는 건가?"라는 말을 듣자, 저 순수한 십 대 소년 같은 생각에 너무나 깜짝 놀라, 있는 힘껏 울대를 쳐버릴 뻔했다.

팀장이 나쁜 사람이어서 그랬겠나. 그냥 세상이 그러한걸. 임신 내내 나는 자조 섞인 농담을 했다. 아이고, 그동안 감사했습니다, 제 책상은 총무팀 어딘가로 옮겨주시면 되겠습니다, 하하.

웃으며 이야기했지만 사실 불안은 커져만 갔다. '돌까지는 아이를 키우고 싶은데'라고 막연하게 생각했던 것이 이토록 사치인 줄 예전엔 미처 몰랐었다.

결국 나는 회사를 그만두었다. 모성이 대폭발하여 아이를 내 손으로 키우겠다는 그런 숭고한 생각은 둘째치고, 일단 상황이 노답이었다. 눈 딱 감고 친정엄마에게 아이를 키워달라고 부탁하기에는 그녀의 지난 삶이 떠올라 쉽게 이야기할 수 없었고(왜 난 갑자기 효녀병에 걸렸던 것인가!), 이 일을 지켜나가기엔 애정도 별로 없었다. 이미 지난 시간 동안 회사에 너무나 실망하고 지쳐버렸기 때문이었겠지.

다시 돌아갈 곳이 있다는 것도 나에게는 큰 위안이었다. 임신을 자연스럽게 축복해주고 공백에 대해 함께 걱정하며 함께 대안을 찾아나가는 지금의 이 자연스러움이 감사했다.

그렇게 아이가 뱃속에서 자라는 만큼 회사도 성장해 나갔다. 임신인 상태를 특별히 배려받지 않겠다고 선언했고 팀원들은 그 생각도 존중해주었다. 그렇게 나는 아이와 회사를 함께 키워나갔다.

출산을 하고 왔을 무렵, 새롭게 합류한 다른 팀원이 몇 개월 후에 둘째 아이를 낳았다. 사실 임신한 사실을 알고서도 함께하기로 마음을 먹었던 좋은 친구였다. 무슨 놈의 회사가 출산까지 바톤 터치해가면서 일하냐고 깔깔대며 웃었던 우리. 팀원 세 명에 임산부가 둘이었던 회사. 나는 새로운 팀원에게, 원할 때 언제든 돌아오면 된다, 길어져도 괜찮다고 말해주었다. 그렇게 이야기할 수 있어서 더할 나위 없이 기뻤다. 그것이 우리의 문화가 되어야 한다고 생각했기 때문이다.

기쁘게 임신을 축하해줄 수 있는 회사, 충분한 시간을 주고 기다려주는 회사. 지금 우리들이 그 멋진 실험을 하고 있다.

육아도 스펙이다

육아가 스펙 한 줄 되지 않는 세상. 하루 종일 일하는데 이력서에 한 줄 쓸 수도 없는 현실. 과노동 무임금. 그렇게 오늘도 아이를 키우는 엄마들은, 아무도 알아주지 않아도 하루 종일 이름도 붙일 수 없는 가사노동을 하고 있다. 이렇게 스킬을 계속 쌓아 만렙을 찍으면 마법이라도 부릴 수 있을 것 같다는 자조섞인 웃음을 지으며, 누구 하나 알아주는 이 없이 부지런함으로(반강제적인), 때로는 화끈한 결단과 추진력으로, 그리고 그 누구도 대신할 수 없는 심신수양으로, 그렇게 연신 최고점을 갱신하며, 엄마는 존재한다.

나는 내 공동 창업자와 간혹 이야기하곤 한다. 엄마가 되지 않았다면 과연 이 사업을 해나갈 수 있었을까? 우리 둘 모두 대답은 단

연코 노! 우리가 엄마가 되지 않았다면 이토록 엄마들을 세밀하게 이해할 수 없을 것이고, 이토록 연민의 감정을 가지고 그들을 사랑하게 되지 못했을 것이다.

개인적으로도 엄마가 된다는 것은 새로운 전환점과도 같았다. 무엇인가를 끈기 있게 해내지 못했던 나는 어찌 되었든 아이를 꾸역꾸역 5년째 키워내고 있고, 심지어 아이 하나를 더 낳아버렸으며 (오! 그로써 책임져야 할 시간이 더욱 늘어나버렸습니다), 내가 도통 포기해서도 안 되고 포기할 수도 없는 존재를 계속 이고 지고 가야 하니, 이전과는 차원이 다른 강력한 끈기와 인내의 홍수에 빠져버린 셈이다. 어쩌다 보니 나는 예상보다 묵묵하게 이 상황을 잘 이겨나가고 있다.

뿐만 아니라 회사를 경영하면서 겪게 되는 수많은 선택의 기로 앞에서, 나는 전보다는 좀 더 다양한 관점으로 생각하게 되었다. 타인의 입장에 서는 무수한 연습(아이로 인해)이 이렇게 도움이 많이 될 것임을 누가 알았겠나.

빠르게 흘러가는 아이와의 일상에서 무수히 내려야 하는 판단 앞에 유연하게 대처하는 것. 이 또한 우리가 획득하게 된 쓸모 있는 기술 중 하나다. 끊임없이 타인을 설득해가며 기다리고 인내할 수 있는 것. 이 또한 아이를 통해 배워가게 되는 놀라운 능력이다.

그랬다. 아이도 결국 완벽한 타인. 내 것 아닌 내 것 같은 그 아이

"

"한 3개월 쉬는 건가?"라는 말을 듣자,
저 순수한 십 대 소년 같은 생각에 너무나 깜짝 놀라,
있는 힘껏 울대를 쳐버릴 뻔했다.
사실 팀장이 나쁜 사람이어서 그랬겠나.
그냥 세상이 그러한걸.
임신 내내 나는 자조 섞인 농담을 했다.
아이고, 그동안 감사했습니다,
제 책상은 총무팀 어딘가로 옮겨주시면 되겠습니다, 하하.

와 함께 살아가며 우리는 관계를 배운다. 세상일이 그러하듯, 우리는 관계를 통해 농익어간다. 그리고 그 관계 안에서 알게 모르게 나의 부족한 부분들이 조금씩 성장해가는 것이다.

세상은 육아를 여전히 스펙으로 보지 않는다. 하지만 나는 믿고 있다. 세상 수많은 경험 중에서, 어쩌면 세계일주보다도 더 많은 경험과 견문을 쌓아가는 과정이 바로 육아라는 것을. 그 작고 치열한 세계 속에서 우리들의 하루하루는 흘러가는 시간만큼 조금씩 성장해 나가고 있다. 엄마로 살아간 지 이제 다섯 살. 세상에 적용할 일만 남은 시간들 앞에서 나는 조금은 당당히 앞으로 나아간다.

그래, 나에게는 육.아.라는 멋진 스펙이 있으니까.

아이가 노트북을 싫어하기 시작했다

문득 아이에게 나는 어떤 모습으로 그려지고 있는지 궁금해져 물어보았다.

"엄마 나이에 너는 뭘하고 있을 것 같아?"

다섯 살 아이의 입에서 나온 말은 조금 신선했다.

"일하고 있을 거야."

어, 그래 너도 일하고 있겠구나. 그래. 넌 역시 내 자식이로구나 하며 헛헛한 웃음을 짓는다.

생각해보니 나는 정말 일을 너무 많이 하긴 한다. 사업을 본격적으로 하자고 결심하고 1년 6개월간 쉼 없이 달려왔다. 그렇게 만들어낸 문서가 4천여 개. 두 여자가 그 많은 문서들을 만들고 작업을 해나가며 이렇게 고군분투하는 동안, 나는 가벼운 노트북과 항상 함께였다.

아이는 가끔 내 노트북을 닫으며 말한다.

"엄마, 일 좀 그만해봐."

급한 메일을 쓰던 중이라던가 날아가면 안 되는 중요한 문서들이 사라질까 싶어 갑자기 온 신경이 곤두서서는, 한마디할까 아이를 쳐다보는데 눈이 마주친다. 아이 눈에 한가득 써 있다. 놀.아.줘.라고.

창업을 시작하게 된 건 아이 때문이었다. 아이를 잘 키우고 싶었고, 아이를 잘 키우는 만큼 나도 건강하게 성장하고 싶었다. 이 모든 것을 잡기 위해 시작했던 일인데, 아이를 키우며 일할 수 있는 환경과 조직을 내 손으로 만들어내고 싶어 시작한 일인데……. 그런데 아이의 눈을 보니 죄책감이 온몸을 휘감는다. 그랬다. 균형을 잡는다는 건 정말 어려운 일이었다. 치우치지 않기 위해 발버둥 쳐야 균형을 유지할 수 있다는 것, 그 사실을 잊고 있었다.

그래, 시원하게 노트북을 닫고 휴대폰도 멀리 두고 아이와 신나게 논다. 그 잠깐 동안 너무나도 즐거워하는 아이를 보니, 스트레스 쌓였던 마음도 조금은 말랑말랑해지는 기분.

노트북과 씨름하고 있는 엄마의 모습은 아마 아이의 기억 한 켠에 남아 있을 것이다. 그렇게 일을 하고 있던 엄마의 모습을 아이에게서 지워낼 수 없다는 걸 이제는 잘 안다. 단, 그 기억이 조금은 괜찮은 기억이었으면 좋겠다. 한 여자로 살아가기 위해 엄마라는 사람이 얼마나 최선을 다해 자신을 지켜내려고 했는지, 나중에 그것만이라도 딸아이가 알아준다면 더할 나위 없겠다.

무인도에 갈 때 뭐가 필요하냐는 누군가의 질문에, 나에게 가장 필요한 세 가지에 대해 고민해본 적이 있다. 나는 생각보다 빨리 결론을 내렸다. 핸드폰, 노트북 그리고 가족. 그렇게 나와 내 아이들은 일과 삶과, 그리고 가족으로 얽히고 공생하며 서로를 배워가겠지. 그때까지 노트북도 나의 아이들도, 그리고 나도 열일하자. 서로를 조금씩 덜 미워하면서 말이지.

당신은 모르실 거야

 무엇 하나 제대로 하는 게 없는 듯한 기분이 들 때가 있다. 냉장고는 텅 비어 있고 밥솥에 밥이 없다. 아이 옷은 얼룩져 있고 집은 어수선하다. 남편이 부탁한 물건 주문을 까먹고 남편은 나에게 짜증을 낸다. 그럴 때 나는 미안하다고 사과하며 상황을 곱씹는다. 나는 왜 이렇게 항상 미안해야 하는 걸까.

 아이가 소풍을 간다는 가정통신문을 받으면 나는 제일 먼저 도시락을 싸야 하는지 여부를 확인한다. 도시락을 싸야 하면 상황이 매우 복잡해지기 때문이다. 아이의 식판을 닦지 못했을 때 죄책감을 느끼며 미안함을 느끼는 것도 내 몫이다. 학부모 상담 일정을 보고 시간을 먼저 조율하는 것도 내 몫이다. 야외 학습 간식을 못 샀

을 때 발을 동동 구르는 일도 내 몫이다. 크고 작은 삶의 업무 가운데 아이에 대한 의사 결정은 대부분 내 몫. 해내지 못했을 때 시달려야 하는 크나큰 죄책감도 내 몫. 이런 것도 못하는 나란 녀자는 이제 재활용봉투에 들어가야 하나요, 나를 위해 종량제봉투를 구해주세요, 라며 울부짖는다.

    도우미 아줌마를 쓴다고 해도 사정은 나아지지 않을 것이다. 아이가 아플 때 나는 '아이 걱정+일 걱정'을 기본값으로 가져가지만 아빠는 그러지 않는다. 마른수건이 넉넉하지 않아도 남편의 빤쓰가 모자라도 다 내 잘못. 그럴 때는 눈치를 보며 찌그러지게 되는 내 모습이 싫지만, 어쩌지 못하는 것도 내 몫.

    남편은 모른다. 당신이 얼마나 편안한 환경에서 일하고 있는지. 적어도 남편이 식판을 안 닦고 잔다고 해서(평소에 거의 많이 닦아주긴 하지만) 미안함과 죄책감을 느낀다거나, 적어도 내일 소풍날 도시락 걱정은 하지 않을 거다. 그래, 당신은 모르실 거다. 내가 얼마나 육아와 일 사이에서 고군분투하고 있는지.

애는 누가 키우나요

사업을 피칭하러 가는 자리는 언제나 기대감으로 두근거린다. 하지만 애석하게도 좋은 결과가 나오지 않을 거라는 포기감을 가지고 가는 자리기 때문에 어느 정도 태연한 마음으로 임할 수 있다. 이 또한 지난 시간 동안 단련된 영역. 게다가 아이와 남편한테 까이는 것이 너무나 익숙해진 일상에, 처음 보는 사람에게 까이는 것 정도야 충분히 그럴 수 있다고 생각한다.

하지만 그렇게 태연하게 마음먹는다고 하더라도 단전 깊숙한 곳에서 나를 자극하는 말이 하나 있으니, 바로 "사업하시면 애는 누가 키우나요?"라는 말이다. 그런 말을 하는 분들은 대개 연배가 다소 지긋하고 쥐색(차콜그레이 말고 쥐색!) 양복에 폭 넓은 넥타이를 매신

분들이다. 그들은 온몸으로 나에게 말하고 있다.

'아, 별로 들을 것도 없겠네. 애 엄마라며.'

사실 그런 종류의 인간상을 만나는 것도 익숙하다. 나에게 불편한 내색을 비추는 것도 그럴 수 있다. 적어도 이 말만 내뱉지 않는다면 말이다. 하지만 놀랍게도 그들은 마치 약속이라도 한 듯 나에게 묻는다.

"지금 아이는 어디에 있나요? 사업하면 아이는 누가 키우나요?"

그 말이 입 밖으로 나오는 순간, 나는 자동으로 포지션이 바뀌고 만다. 청년 여성 사업가에서 애 키우다가 아이디어나 발표하러 나온 철없고 이기적인 아이 엄마로. 그리고 이전까지의 힘겹지만 소중했던 시간들이 처참하게 구겨지는 경험을 하게 된다. 나는 누구, 여긴 어디? 이 낯선 자리와 낯선 사람들 앞에서 왜 내 아이를 키우는 문제를 시시콜콜 변명해야 하는가. 아이가 사업에 지장을 주지 않는다는 이야기를 굳이 해야 하는 것인가? 아니면 난 슈퍼우먼이라 다 해낼 수 있다고 거짓말이라도 해야 하는 것인가. 아니면 부모들을 교육하는 일을 하는 사람이 정작 내 아이는 다른 사람 손에 맡기고 사업에만 매진하고 있다는 모순적인 이야기를 해야 하는 것인가?

'아이는 누가 키우냐'라는 말에 담겨 있는 그 불편한 시선. 그것은 단순한 질문이 아니다. 내 아이에 대한 순수한 걱정도 아니다.

'엄마'가 '사업'을 하는 것에 대한 불편함에 대한 표현이다. 분명 실패할 게 뻔하다는 악담으로 그들의 목구멍이 간질거린다. "어린이집에서 잘 키워주고 계십니다"라는 대답으로 넘어가면 그나마 다행이다.

"사업하려면 시간도 없고 바쁜데 어쩌려고요?"

틀린 말은 아니다. 사업은 정말 바쁜 일이다. 시간도 없다. 아이를 봐주는 사람이 있으면 더할 나위 없이 좋겠지. 그렇지만 그럴 만한 상황도 여력도 안 된다. 사실은 그렇게 하고 싶지 않은 마음이 더 큰지도 모르겠다. 무엇이 어찌 되었든 그 부분은 그들이 걱정해주지 않아도 되는 영역이다.

여전히 나를 나 그대로 인정받기란 쉽지 않다. 누구의 엄마이자 누군가의 아내로서의 삶이 나를 대표하기 때문이다. 그런데도 부정하고 싶지도 않다. 누구보다 균형 있는 삶을 살아가는 게 우선이 아니겠나.

그래, 언젠가 한 번쯤은 꼭 말해야지. 그렇게 말해도 되는 입장이 될 만큼 성공하면 말이다.

"사모님이 아이 키우느라 고생 많으셨다고 하셨죠? 어디 그때 못 키워본 아이 대신 제 아이라도 키워주시게요? 걱정해주셔서 너무나 감사합니다."

이 모든 게
신발장 때문이다

어린이집을 보내다 보면 갑자기 우우우울컥 가래가 올라오는 것처럼 미안함에 사로잡힐 때가 있다. 난 안 그럴 줄 알았는데…….

울렁거리면서 미안함이 올라온다. 그래서 부리나케 데리러 가면 애는 엄청 잘 놀고 있고 잘 놀던 애를 데리고 나오니 애는 열 받아 하고 나는 후회한다. 아, 이놈의 뜬금없는 측은지심이여.

일정이 늦게 끝나는 날은 5시 조금 넘은 시각에 아이를 데리러 갈 때도 있다. 애들이 4시면 다들 하원하는 탓에, 그 시간이 되면 두세 명의 아이들만 남아 있다. 그럴 때 신발장을 보면 또 마음이 우우우우우울컥해진다. 그렇다. 이 모든 게 신발장 때문이다.

일정이 불규칙하다 보니 하원 시간도 불규칙할 때가 많은데, 그

때마다 신발장에 남아 있는 신발을 보게 된다. 몇 명이나 남아 있나. 오늘은 내가 늦은 걸까 하면서. 아이는 엄마! 하고 소리를 치며 달려오고 몇 개 안 남은 신발장에 우리 아이 신발이 기다렸다고 말하는 것 같아 마음이 시리다. 보지 말아야지 하면서도 자꾸 보게 되는 너의 신발장.

오늘은 오후에 여유가 있는 날이라 조금 일찍 아이를 데리러 내려갔다. 그리고 한참을 서 있다가 그냥 올라왔다. 아이 웃음소리가 들렸고 다 같이 춤추고 노래하는 시간인 것 같았다. 흥을 깰까 싶어 30분 뒤 다시 내려가보니 아이들은 썰물처럼 빠져나가고 없다. 아이는 우는 시늉을 하며 달려와 안기고 왠지 모를 죄책감에 시달리며 올라온다.

괜히 봤다. 그 신발장.

그리고 남아 있는 신발 주인인 아이의 눈도.

누구의 잘못도 아니다. 그렇지만 내가 잘못하고 있는 것 같은 이 불편한 기분은 뭘까. 선택받은 듯 집에 가는 아이들과 남아서 마지막을 기다리는 아이들. 그게 속상해서 엄마들은 어린이집을 보내고 하원 도우미를 쓴다. 진짜 이상한 풍경.

일찍 데려가는 엄마가 문제인 것도, 일하느라 늦는 엄마가 문제인 것도 아닌 걸. 하지만 일찍 데려가는 엄마가 다수이니 늦는 엄마가 문제가 되는 상황. 그냥 워킹맘 비중이 높은 어린이집으로 옮기는 수밖에 없나 보다 싶은 그런 밤. 신발장이 어른대는 밤.

어린이집 선생님이 그만두던 날

"어머니, 제가 3월부터는 원에 나오지 못하게 되었어요. 그동안 감사했습니다."

아이를 1년 반 정도 돌봐주신 선생님이 그만두신다는 이야기를 들었다. 3월이 되면 반이 바뀌고 선생님도 바뀌니 아이에게는 크게 지장이 가지 않도록 끝까지 책임지겠다는 선생님. 급하게 인사를 마무리하고 아이를 데리고 올라가며 생각한다. 무슨 사연일까.

몸이 안 좋으셔서 못 나오신 적이 있는데 그것 때문인가. 혹여 큰일이라도 있는 건가. 갑자기 걱정이 몰려온다. 원장선생님께 전화를 드리니 돌아오는 대답.

"갱년기가 왔다 하셔서 잠시 쉬기로 하셨어요."

그렇다. 아이의 담임선생님은 대학을 졸업한 자녀를 둔, 다소 연배가 있는 선생님이다. 오래도록 아이들을 돌봐주신 노련한 선생님이다. 매일 화사한 옷을 입고 항상 웃는 얼굴로 맞이해주셔서 몰랐던 선생님의 주름과 나이. 그랬다.

아이의 선생님이 갱년기를 맞았다는 것이다. 요 며칠 아이를 데리러 갈 때 선생님에게 비치던 쓸쓸한 표정들이 눈앞에 아른거린다. 오랜 시간 아이를 돌봐온 선생님에게, 이제 그 일들을 내려놓는다는 게 얼마나 큰일인지 알기에. 다른 일이면 조금이라도 견디고 참아내며 할 수 있겠지만, 아이들 정서에 영향을 줄 수도 있으니 체력도 힘들어 아이들을 섬세하게 돌보지 못할 수도 있으니 자진해서 쉬겠다고 하셨단다. 그 이야기를 듣고 마음이 먹먹해졌다.

어린이집 오리엔테이션이 있던 날, 일정이 늦게 끝나 부리나케 어린이집으로 갔는데, 선생님은 인사를 마치자마자 자리를 비우셨다고 했다. 인사 한번 제대로 드리지 못한 미안함과 감사함에 원장선생님을 붙잡고 울어버렸다.

"전 선생님 아니었으면 큰일 났을 거예요. 제가 저답게 살 수 있게 해주셔서 감사드려요."

내가 나를 모두 잃어버린 것만 같던 날들이 있었다. 아이를 어린이집에 보내며 다시 새 삶을 시작했고 1년 반 만에 나는 지금 전혀 다른 세상을 살아가고 있다. 그녀가 있었기에 가능했다. 나의 삶을

"전 선생님 아니었으면 큰일 났을 거예요.
제가 저답게 살 수 있게 해주셔서 감사드려요."
미안함과 감사함에 원장선생님을 붙잡고 울어버렸다.
내가 나를 모두 잃어버린 것만 같던 날들이 있었다.
1년 반 만에 나는 지금 전혀 다른 세상을 살고 있다.
그녀가 있었기에 가능했다.

대신 살아주었기에 가능했던 일이다.

그녀가 아이들과 행복하게 그녀의 삶을 살아가는 동안 나는 나의 삶을 살아갔다. 한 아이를 함께 키웠던 그 동질감. 그리고 나의 생을 편안하게 만들어주신 감사함. 그리고 마치 구원과도 같았던 1년 반의 시간들이 스쳐 지나간다.

선생님을 위해 처음으로 비싼 건강 기능식품을 샀다. 원장님께 전달을 부탁드리면서 다른 엄마들 부담스러울까 봐 숨겨놓고 돌아오는 길에 웃음이 났다. 어린이집 선생님에게 갱년기 건강식품을 선물하는 엄마라니.

늦은 시간, 선생님이 문자를 보내 감사의 인사를 전하셨다. 사실 엄마들을 보면 눈물이 날 것 같아서 조금 일찍 도망 나오셨단다. 나를 보면 너무나 눈물이 날 것 같았다고.

피 한 방울 안 섞인 그녀를 생각하며 이토록 마음이 아리고 눈물이 나는 건 왜일까. 이토록 아쉬운 마음을 느껴본 적이 없는데, 드디어 호르몬이 미친 건가.

"조금 괜찮아지시면 다시 돌아와주세요. 동생도 얼른 선생님께 맡기고 싶어요. 그때까지 푹 쉬시며 마음껏 즐기시고요. 선생님 정말 감사합니다."

돌봄의 노고에 대하여

"그림자같이 일하지만 그림자만큼 보이지도 않는다."
이 말이 가슴에 비수처럼 날아든 건
나도 밥 하는, 동네 아줌마여서 그렇다.
워킹맘이지만 나는 밥 하는 동네 아줌마다.

이 사실은 변함이 없고 그렇다고 거부할 생각도 없다.
하지만 누군가가 이렇게 비하하듯 이야기하니
묻고 싶어졌다.
너는 아니냐고.

우리 삶을 휘어잡은 그림자노동.
그 중심에 있는 삼시세끼.
난 나의 노동을 누군가 대신해주는 것이 고맙다.
어린이집에 한 끼를 맡기고
두 번의 간식을 주는 게 감사하다.

돈을 주었으니 당연하지라고 생각하는
그 재화와 용역의 수준을 넘어서는 감사다.
그들은 이 습하고 뜨거운 날 불 앞에서
국을 휘휘 저어가며
나 대신 일해주고 있는 것이다.
그들이 할 수 있는 것이 그 정도뿐이라는 말은 말라.
나는 그조차도 하지 못한다.
아마 그 말을 내뱉은 당신도 그럴 것이다.

요새 택배 많이 오네

남편이 말했다.

"요새 택배 많이 오네."

　응, 왜냐면 뭘 사러 나가기 힘드니까 택배로 사는 거야 그러니까 내 거 산 건 아니고 다 아가 거 샀어 봐봐 그리고 요새 기저귀 세일해서 요새 좀 사서 쟁여두고 있어 응응 분유도 그렇고 직구해야 하니까 여러 개 사는데 박스가 크네 헤헤헤헤헤헤 아 그리고 여름이라 애기 속옷도 좀 사고 응 그래서 그래 자기 좋아하는 명란도 사고 그러느라고 응 그래서 그런 거야 내가 막 쓸데없는 거 사는 건 아니고 다 필요해서 사는 건데 아이고 애기가 생기니까 소비를 안 할 수가 없네 아니 뭐 그렇다고 근데 나 만오천 원짜리 신발 하나 샀어 아아 그러니까 내가 샌들이 진짜 다 떨어지고 하나도 없고 통굽이라서 편할 거 같기도 하고 요새 어른들 뵐 일 많은데 너무 낮은 거 신고 가니까 좀 그렇더라고 슬리퍼 신은 거같이 그래서 그냥 이런 통굽 신발은 비싼 거 사기 좀 그렇고 막 30프로 할인쿠폰도 주고 그래서 하나 샀는데 음 반품할까? 좀 그런가? 응?

 주절주절 변명하는 내 주둥이에 지퍼를 채우고 싶었다. 온힘을 다해 너님이 벌어다주는 돈 그렇게 허투루 쓰고 있지 않으며 정말 내 거는 개미씨알만큼 어쩌다 한 번 사고 있다고 사투를 벌이며 말했는데 남편이 고맙게도 더 좋은 거 사지 왜 싼 거 샀어 발 아프게 그렇게 말해줘서 고마웠다.
 그렇지만 다시 한 번 생각했다.
 아, 한 인간이 이토록 쪼그라들 수도 있구나.

오후 4시의 신데렐라

사회문제가 뭔가요? 음, 제가 4시 30분까지 아이를 하원시키러 가야 하는 게 사회문제 같아요.

오후 4시만 되면 오금이 저리기 시작한다. 사실은 3시 30분부터 발을 자동으로 동동 구르고 있는 나를 발견한다. 아이의 하원 시간이 다가오기 때문이다.
"사회문제가 뭔가요?"
창업과 관련한 여러 교육에서 문제의식 발견을 위한 워크숍을 하다 보면 이런 질문이 많이 나온다.
"여러분, 사회문제는 여러분 주변에 있답니다. 그 문제가 무엇인지 주변을 둘러보세요."

둘러볼 것도 없다. 아무리 생각해도 4시가 되면 내가 반자동 신데렐라가 되는 것이 아무렴, 나에게는 큰 사회문제다.

아이를 등원시키고 나면 9시 30분, 나는 미친 듯 달리기 시작한다. 업무 시간을 맞추려면, 혹여 다른 미팅이라도 잡히면 더더욱 나는 무서운 속도로 질주해야 한다. 그렇게 달리고 달려 간신히 지하철을 타거나, 무서운 강변북로를 종주하여(집은 일산, 사무실은 성수동. 아, 비극의 시작은 여기에서부터였는가!) 사무실에 도착하면, 나는 마치 무언가에 씌인 사람처럼 일하기 시작하는 것이다.

대개의 경우 점심을 챙겨 먹는 것은 나에게는 사치다. 사무실에 도착하고 난 뒤 퇴근 시간까지 정말로 얼마 안 남았기 때문이다. 그렇게 무서운 속도로 일을 처리하기 시작하면 어느새 3시가 다가온다. 분명 나는 화장실도 한 번밖에 안 가고(웰컴 투 방광염!) 점심식사는 빵으로 때웠는데(그래서 이렇게 바쁜데도 살이 찌는 건가 봐).

3시가 되면 나는 다리를 달달달달 떨기 시작한다. 혹여 미팅이라도 길어지면 조심스럽게 책상 밑에서 손을 뜯기 시작한다. 째깍째깍 시간이 빠르게 흘러가고(어쩜 이렇게 시간은 빠를까) 나는 일정을 마치고 다시 달리기 시작한다.

창업을 시작하고 나서 단 하루도 느긋하게 걸어본 적이 없다. 분 단위로 분절되는 시간 앞에서 나는 항상 시간에 허덕인다. 늦어도

"

온힘을 다해 너님이 벌어다주는 돈
그렇게 허투루 쓰고 있지 않으며
정말 내 거는 개미씨알만큼 어쩌다 한 번 사고 있다고
사투를 벌이며 말했다.
아, 한 인간이 이토록 쪼그라들 수도 있구나.

4시 30분까지 하원을 해야 한다는 것, 그 시간이 지나면 아이가 혼자 남아 웅웅거리는 청소기와 함께 고독과 싸워야 한다는 사실이 엄청난 죄책감으로 다가오기 때문이다.

다리를 삐끗한 어느 날에도 나는 절룩거리며 달렸다. 폭우가 쏟아지던 어느 날에도 비를 맞으며 나는 그렇게 달렸다. 필사적으로 달리며 생각했다. 나 하나 지키기도 어려운 세상, 그 와중에 새끼까지 지키려니 참 버겁다고.

그랬다. 나는 매일매일 '자아'라는 유리 구두를 신고 오후 4시가 되면 그 유리 구두에서 내려와야만 했다. 물론 지금도 나는 그렇게 매일 유리 구두를 신고 벗는다. 익숙해질 만도 한데 여전히 굳은살 하나 박이지 않는 오후 4시의 신데렐라로 사는 일상.

아, 벌써 또 하원시간이 다 되어간다.

안녕, 오늘의 유리 구두. 이따 밤 10시에 다시 만나자!

요즘 엄마들이 문제가 많아, 그렇지 않아요?

넌 살림을 개떡같이 하고, 이게 뭐냐!

피치 못할 사정이 생기면 간혹 친정어머니께 도움을 요청하곤 한다. 어린이집 하원 시간을 도저히 맞출 수 없거나 하는 경우에는 말이다. 하지만 부모님 소환 찬스는 한 달에 한 번 있을까 말까 하다.

소환술을 잘 쓰지 않는 이유가 몇 가지 있다. 가장 큰 이유는 '친정 어머니'의 소환은 곧 '모든 싸움의 원인'이 되기 때문이다.

아침에 아이 등원을 시키고 시작되는 고된 하루. 어떤 날은 운전을 200킬로가 넘게 하기도 하고, 어떤 날은 대중교통으로 서울을 훑기도 하는 고된 일상. 그렇게 멘탈과 육신이 탈탈 털려 집에 오니 맞이하는 건 굳어진 '엄마'의 표정과 '엄마다!' 하며 흥분해 달려 나오는 아이.

아이의 흥분을 가라앉히고 원래 하던 것처럼 오자마자 놀아주는데, 부엌에서 쿵쾅쿵쾅 소리가 들린다. 냉장고를 탈탈 털고 있는 엄마. 등골을 흐르는 오싹함이 온몸을 휘감는다. 순간 알 수 있었다. 곧 나는 엄마에게 폭풍 잔소리를 들을 것이고 비수 같은 비난으로 만신창이가 될 거라는 사실을.

사실 어제저녁 내가 가장 먼저 한 일이 냉장고 정리였다. 아이를 재우고 나서 산더미같이 쌓여 있는 일들에 손도 못 댄 채 한 일이 냉장고 정리라니. 엄마를 맞이하는 최소한의 예의 같은 것이었는데, 엄마는 그사이 더 많은 것을 뒤집어내고 있었다.

그랬다.
냉장고.
살림 스킬이 그대로 드러나는 주부의 성지.
그곳을 보면 이 여인네가 살림을 얼마나 잘하는지 알 수 있다는 주부 부심의 척도, 냉장고.

평생 살림꾼으로 살았던 그녀에게 냉장고를 들키다니 마치 민낯으로 서 있는 기분이었다. 그녀가 냉장고에서 곧 상할 것만 같은 음식들을 꺼낼 때마다, 선 채로 옷이 벗겨지는 기분이었다.

"그건, 놔둬……."라고 애써 반박해보지만 사실 나는 알고 있다. 어차피 둬도 먹지 않을 것임을. 어차피 곰팡이 피고 썩을 것임을. 그저 나는 '그것을 의미가 있어서 놔둔 것이지 절대 방치한 게 아니야'라는 뉘앙스를 던지고 싶었을 뿐인데 역시나 가차 없다. 구구절절 변명해보지만 돌아오는 건 가시 박힌 한마디.

"넌 살림을 개떡같이 하고, 이게 뭐냐! 살림도 못하면서 무슨, 나가서 뭘 한다고……."

그래, 나 살림 잘 못한다. 누구는 처음부터 잘했겠냐라고 묻지만, 솔직히 '홈케어' 자체에 그리 큰 흥미가 생기지 않는다. 요리와 플레이팅을 좋아하는 사람도 있지만 그건 취향의 문제. 나는 그런 종류의 사람이 아니라는 건 일찌감치 알고 있었다.

관심을 아예 갖지 않은 건 아니다. 그래도 해보려고 했는데 영 재미가 없다. 집에 꽃을 들여놓으면 기분이 화사해진다고 해서 나도 해봤는데 정말 아무것도 느껴지지 않는, 기분 없는 기분.

나는 왜 이런 것들을 좋아하지 않는가 진지하게 고민해보기도 했다. 난 사실 이전부터 아기자기함에 그리 흥미가 없는 사람이었다.

'여자는 당연히 그래야 해'라는 압박 때문에 그런 것들을 좋아하는 코스프레를 해보긴 했지만, 다이어리를 꾸민다거나 하는 종류의 일들은 나에게 맞지 않았다.

나는 무언가를 돌보고 가꾸는 데 큰 흥미가 없는 사람이다. 누가 그걸 좋아서 하느냐고 하지만, 오해다. 정말 좋아하는 사람들이 있다. 그런 의미에서 나는 그냥 살림을 잘 못한다. 좋아하지도 않으니 못하는 것도 당연하다. 해야 하니까 밥을 해 먹이고 청소하고 정리하는 것뿐, 딱 그 정도 수준.

그렇다고 우리 집이 엄청 지저분한 건 아니다. 아무렴 나도 애도 있고 양심도 있는데. 그런 나에게 32년차 고수가 와서 냉장고를 뒤지며 장풍을 쏜다.

"살림도 못하면서 나가서 뭘 한다고……."
"내가 노는 것도 아닌데……."

나지막이 읊조리지만 알고 있다. 나는 노는 것도 아니고 어쩌면 남들보다 두 배 세 배 열심히 살고 있지만, 결국 '돈을 벌지 못하기 때문에' 이 모든 게 아무 의미가 없다는 것을. 억울하면 도우미를 써야 하지만, 그마저도 '지금 당장 돈을 벌지 못하는 나'에게는 사치기 때문에 쓰지 못한다는 것을.

회사에 나가 월급이라도 받으면 '도우미'를 쓸 수 있는 명분이라도 생기지만 우리처럼 창업을 하는 엄마들에게는, 그런 명분 따위는 사치임을 알고 있기에 그저 입을 다물 수밖에.

그러니 살림도, 육아도, 그리고 창업도 모두 지켜내야 하는 것

이 엄마 창업가의 현실이다. 모든 걸 다 잘할 수는 없기에, 가끔 살림이 제대로 안 될 때 결정적인 비난의 화살은 나에게로 온다. 나는 현재 대내외적으로는 엄마 그리고 주부이기 때문이다.

회사가 돈을 벌어내기 전까지는 이 모든 것들을 감내할 수밖에 없다. 나는 '돈도 못 버는 주제에 살림도 못하면서 꿈이나 좇아가는 이상주의자'일 뿐이니까.

내가 밖에 나가 창업을 하고 일을 한다고 하면 어른들은, 살림하기 싫어서 밖으로 나도는 거냐는 말을 하시기도 한다. '밖으로 도는 여자'라는 이야기를 아주 어릴 때 들은 적이 있다.

엄마들이 모여 다른 엄마를 비난할 때 주로 사용하던 용어. 레퍼토리는 아주 뻔했다.

"살림도 개판이야."

"그래서 밖으로 돌잖아."

"어휴, 저집 애가 뭘 보고 배우겠어."

그땐 나도 '엄마는 집에 있는 사람이니까'라고 생각하며 듣고 넘어간 말이었는데, 지금 이 나이가 되어서 20여년 전 들었던 그 단어와 장면들이 떠오른다. 그때 그 '밖으로 도는 여자'였던 여인들의 삶을 조금씩 이해하게 되면서 말이다.

그놈의 살림이 도대체 뭐길래 그녀들은 그토록 비난받아야 했던 걸까. 살림을 가지고 훈장이라고 생각하는 여인들 틈에서 그녀들이 고독하게 얻고자 했던 게 뭐였을까. 정말 그집 아이들이 잘못 컸던 가? (아니, 꼭 그렇지는 않았던 것 같다!)

살림이 싫어서 밖으로 나가는 게 아니라, 꿈이 있어 밖으로 나왔다는 것을 이해받지 못할 때, 가끔은 세상의 벽이 아니라 가족이라는 큰 벽을 넘어야 함을 새삼스럽게 깨닫는다.

살림에 문제가 생겼을 때 들어야 하는 남편의 한숨. 살림살이의 치부가 드러날 때 들어야 하는 친정엄마의 타박. 꾀죄죄한 아이를 보며 티 내지는 않지만 속상해하시는 시어머니 모습까지, 살림이라는 것은 이렇게 평생 끊어낼 수 없는 숙제처럼 나를 따라다닌다.

사업이 자리를 잡고 나도 급여라는 것을 받게 되면 도우미 아주머니를 좀 더 자주 쓰게 될 것이다. 그렇게 되면 사람들은 이렇게 말할 것이다.

"살림을 남의 손에 맡겨서 쓰냐."

"고생이라고는 이제 안 하겠네."

이런 비아냥의 말들.

분명한 건 살림을 놓을 생각은 없다. 집안일이라는 것은 정말로 하루에 수만 가지의 일들을 처리해야 하는 것이다. 때문에 남의 손이 간다고 한들 내가 안 할 수도 없는 노릇. 그게 살림이다. 가정이 돌아가도록 하는 게 살림이라면 나도 그 윤활유 역할은 분명 해야 한다.

다만 일상적이고 나를 지치게 만드는 것들에 대해 가치를 지불하고 내 시간을 좀 더 쓸 수 있도록 하는 것, 그것이 필요할 뿐이다.

그리고 지금처럼 나는 남편의 무한 도움을 받아 집안을 잘 굴러가게 할 것이다. 돈을 번다고 살림 방어권이 생기는 것도 아니고 돈을 못 번다고 살림 필수권이 생기는 것도 아니다. 살림은 사람을 살게 하는 일이다. 그러니 사람이 살아갈 정도로만 융통성 있게 지키면 된다. 살림 자체가 나의 아이덴티티가 되는 것보다는, 나도 살고 삶도 살아가도록 하면 되는 것 아닌가. 살림이 사람을 살게 하는 일인데 사람의 마음을 죽게 만든다면, 그것을 어찌 살림이라 할 수 있을까.

그런데도 나는 또 치열하게 살림과, 살림으로 지배당한 여인들의 비난과 함께 고독하게 싸운다.

잠든 딸아이 옆에서 또다시 다짐한다. 네가 훗날 워킹맘이 되었을 때, 나는 너의 아이를 가끔씩 봐주면서 정말 아이와 놀아주기만 할 거야. 그리고 도우미 아주머니를 따로 엄마 돈으로 불러줄게. 그때 네가 하고 싶은 살림, 정리 마음껏 다 하고 다 버리렴.

약속할게.
나는, 절대 너의 냉장고를 열지 않겠어.

"

살림은 사람을 살게 하는 일이다.
그러니 사람이 살아갈 정도로만 융통성 있게 지키면 된다.
살림이 사람을 살게 하는 일인데
사람의 마음을 죽게 만든다면,
그것을 어찌 살림이라 할 수 있을까.

요즘 엄마들이
문제가 많아,
그렇지 않아요?

"애 키우는 게 중요한데, 나와서 일하느라고 문제가 생기잖아요, 안 그래요?"

나이 지긋하신 분이 나에게 이야기한다. 순간 재빠르게 판단한다. '아니 지금 나 들으라고 하는 소린가? 지금 나에게 시비를 거는 것인가?'

그러나 이내 접대성 멘트로 전환, 상냥하게 웃으며 하하하하. 그러게요. 여기 문제 있는 에미 1인분 추가입니다, 하고 넘어가지만, 그런 이야기를 들으면 종일 불쾌함이 가시지 않는 게 사실이다.

어른들 눈에 요즘 엄마들은 참 문제가 많다. 가임기 여성의 출산지도까지 만드는 세상. 여자들이 애도 안 낳고 심지어 낳아놓은 애도 자기 일 한다고 키우지 않는 게 세상천지에 얼마나 있을 수 없는 일이겠는가. 일한다고 아이들 학원 뺑뺑이 돌리는 것도, 일하기 때문에 섬세하게 돌보지 못해 아이들이 각종 위험에 노출되는 것도 모두 엄마들 탓.

세상에 돈이 뭐가 중요하다고 그렇게 나가서 돈 벌려고 환장이 나고 비난하는 소리마저 들으면 나지막이 생각한다.

'그러길래 많이 배운 내가 잘못이지.'

나는 일하지 않는 내 모습을 단 한순간도 생각해본 적이 없다. 그런 내가 아이를 키운다고 사표까지 쓰게 될 줄 누가 상상이라도 했겠냐는 말이다. 그렇다고 아이를 두고 당장에 일하러 가기에는, 내 가치관의 비중이 아이와 가정에게 많이 쏠려 있었다. 그러니 이도저도 못하는 상황에 봉착할 수밖에 없었던 것이다.

나도 소중하고 아이도 소중한데 하나만 선택하라니, 평소에도 짬짜면을 즐겨먹는 나는 인생에서도 짬짜면 같은 선택을 해버린 것이다. 이것을 선택하는 모든 과정은 너무나 고통스러웠다. 결정대로 살아내는 것도 쉽지는 않지만, 그래도 내가 한 결정이니 어떻게든 꾸역꾸역 살아갈 힘은 난다.

나는 어쩌면 세상이 이야기하는 '엄마'라는 모습에 가깝지는 않을 수 있다. 엄마라는 기준에서는 어쩌면 문제 많은 엄마에 속할지도 모른다. 하지만 나도 엄마다. 사람들은 나를 특이한 엄마라고 하지만 사실 나는 가장 나다운 엄마로서 살아가고 있다고 생각한다.

요즘 엄마들이 문제가 많다는 그 말에 담겨 있는 의미에 대해 생각해본다. 세상의 모든 엄마를 색안경 끼고 바라보면 문제 많은 엄마들이 정말 많을지도 모른다. 모두가 국민 어머니가 될 수는 없지 않은가.

문제 많은 엄마들이 많아진다는 건 어쩌면 엄마들 자신만의 방식으로 아이를 사랑하고, 주어진 역할에 대해 할 수 있는 만큼 최선을 다하고 있다는 증거이자, 자신을 완벽하게 무너뜨려 아이를 사랑하는 것의 비극을 누구보다 잘 알기 때문에, 스스로 자신을 찾아가는 노력을 하고 있다는 증명이다.

엄마는 다 달라야 한다. 다르게 살아가는 그 모습들이 자연스러워져야 한다. 엄마라는 어떤 정해진 모습은 지금의 엄마들을 더욱 고통스럽게 만들 뿐이다. 그러기에 우리는 가장 나다운 엄마로 살아가기 위해 노력하는 이들과 함께한다. 그녀들을 돕기 위해 연구하고 방법을 찾기 위해 노력한다. 엄마를 누구보다 사랑하는 엄마, 그 엄마들이 만들어가는 회사를 만들기 위해 노력한다.

우리들의 이 사랑이 조금 더 많은 엄마들에게 닿기를 바란다. 세상이 이야기하는 엄마의 이미지들이 좀 더 다채로워질 수 있도록,

문제 많은 엄마들이 많아진다는 건
어쩌면 엄마들 자신만의 방식으로 아이를 사랑하고
주어진 역할에 대해 할 수 있는 만큼
최선을 다하고 있다는 증거이자,
자신을 완벽하게 무너뜨려 아이를 사랑하는 것의
비극을 누구보다 잘 알기 때문에
스스로 자신을 찾아가는 노력을 하고 있다는 증명이다.

나는 지금도 이렇게 일하고 있는 것이다. 먼훗날 내 딸이 엄마가 될 때, 우리들이 뿌려놓은 그 사랑을 느끼게 되길 기대한다.

출산이 언제세요?

둘째 아이를 낳기 전 마지막 피칭은 세종시에서 있었다. 출산 예정일 일주일 전 기차를 타고 세종시에 가면서 생각했다.

'그래, 아이를 낳더라도 명예롭게 피칭을 하다가 낳아버리자. 혼자는 아닐 테니 얼마나 다행이야. 객지에서 외롭게 있을 때 아이를 낳아버리면 너무 위험하잖아.'

나는 마음을 다독이며 기차에 탄 뒤 현실을 자각했다. 아, 세종시가 무슨 집 앞 쇼핑몰도 아니고. 진짜 어지간하다, 나도.

임신하고 나서도 여기저기를 누볐다. 분기별로 한 번씩은 한 달내내 주 1회 강원도로 출장을 가기도 하고, 기차 타고 버스 타고 각지를 누볐다. 그래, 임신 중에 운동 삼아 다니는 거 나쁘지 않지, 그렇게 위로하며 창업으로 태교를 한 셈이다.

모두 나를 보면 숨차 했지만 정작 나는 가뿐했다. 아이를 낳아도 돌아갈 수 있는 곳이 있다니. 그것만으로도 행복한 임신 기간이었다. 쉼터 같던 그곳이 사라지면 안 되니 열심히 할 수밖에 없었다.

임신 뒤, 피칭할 때면 이상하게 숨이 가빠오곤 했다. 평소에는 크게 떨리지 않던 자리에서도 숨이 턱턱 막히고 심장이 벌렁거리기도 했다. 호르몬이 미쳐서 그런가 보다 하며 넘어가곤 했지만, 그건 내 사정. 이야기를 듣는 상대방에게는 언제나 미안하고 양해를 구해야 할 일이었다.

그날 세종시에서의 피칭도 그랬다. 숨이 가빠오고 갑자기 심장이 벌렁거리더니 목소리가 가늘어지기 시작했다. 최대한 차분하게 이야기하려고 했지만 그게 어디 쉬운 일인가.

"죄송합니다. 뱃속에서 아이가 너무 열심히 뛰어서 숨이 가쁘네요"라고 양해를 구하고 물을 한 모금 마신다. 심사를 보시던 분들 눈에서 '어휴, 내가 더 숨차다'라는 표정이 보인다. 그랬다. 나는 참으로 부담스러운 발표자였던 것이다. 그러고 보니 대차게 까일 만한 피티 자리에서도 노약자라 보호받은 적도 많았다.

그렇게 이곳저곳 다니며 만삭으로 사업을 이야기할 때, 사실 나는 묘한 즐거움을 느끼기도 했다. 막달이 다 되어서는 출산이 언제냐는 질문을 받으면, 예정일이 너무 바투 있는 것에 사람들은 놀라곤 했다. "아니, 여기서 이러셔도 되냐"라고 진지하게 묻는 사람들에게 나는 호탕하게 웃으며 "애 나오면 좀 받아주세요"라는 농담까지 했으니 말이다.

사실 육아 스타트업을 하는 당사자가 임산부라는 것 자체는 굉장히 설득력이 있는 부분이었다. 배에 아이가 있는데 창업을 진행하는 정신력과 더불어 기골까지 장대해진 나는 '덤벼봐'라는 정신을 육체로 무장하고 있었으니, 두려울 게 없기도 했다. 그렇게 아이와 함께 달려왔던 10개월.

스타트업 베이비는 건강하게 태어났다. 엄마의 창업을 뱃속에서 모두 느끼고 경험했을 아기. 지금 세상 밖에 나와서도 엄마와 이곳저곳을 누비며, 엄마의 창업에 든든한 지원군이 되어주고 있다.

엄마 페티시의 시작

고백하자면 나는 엄마와 사이가 좋지 않다. 아니 좋지 않았다. 우리 둘은 만나면 싸웠으니 말이다. 그랬다. 내 일생은 엄마와의 투쟁의 역사였다. 나는 중학교 때부터 부들부들 떨며 다짐했다. 어쩌면 내가 아이를 내 손으로 잘 키우고 싶다고 마음먹었던 때도 그 무렵이었던 것 같다.

엄마는 나에게 수리수리 마수리 저주를 걸었다.

너도 너 같은 딸을 낳아서 키워봤!!!!!!!!!!!!!

그럼 나는 호기롭게 대답했다.

그랙!!!!!!!!!!!!!!

나는 엄마처럼 딸을 키우지 않겠다는 다짐을 씹고 뜯고 맛보고 즐기며 생각했다. 그래, 나는 정말 좋은 엄마가 될 거야.

여기까지는 수많은 딸들의 뻔한 스토리. 나도 그 뻔한 스토리의 주인공이 될 줄이야. 아이를 낳고야 나는 엄마를 이해해버리게 된 것이다. 정말 엄마의 저주에 걸려 나는 '나 같은 딸'을 낳아버렸고, 그 딸을 키우며 나는 수리수리마수리마하반야아멘아멘할렐루야를 외치며 심신을 수양하게 되고 만 것이다.

다시 공부를 시작하고 교육상담 심리를 전공하며 나는 엄마의 삶을 조금씩 알아가기 시작했다. 그리고 그녀의 삶은 '사회구조적으로 갇혀 있는' 여인의 삶이었다는 것도 어렴풋이 느낄 수 있게 되었다. 엄마는 처음부터 엄마가 아니었고, 그녀도 엄마로 살아가기 위해 어쩔 수 없이 자신을 지워갔다. 그녀의 삶을 살기 위해 노력했지만 무너졌으며 그렇게 무수히 많은 시련 앞에서 넘어지고 다시 일어섰음을 비로소 알게 된 것이다.

엄마도, 나와 별반 다르지 않았다는 걸 알게 된 순간, 나는 세상의 엄마들을 다른 눈으로 바라보게 되었다. 정말 그랬다. 놀이터에 나와 앉아 말을 트게 된, 비슷한 또래의 아이 엄마는 알아주는 대학에서 박사학위를 수료했다고 했다. 어떤 엄마는 꽤 유명한 회사에 다니다가 그만두었다고 했다. 엄마라는 이름 속에 가려진 날고 기는 여인들. 그녀들의 삶이 나와 별반 다르지 않으며, 우리 엄마들이 살아온 삶의 궤적에서도 크게 벗어나지 않는다는 사실을 느낀 순간, 알 수 없는 먹먹함이 밀려들었다. 그때 생각했다. 엄마들을 위해 일하자고. 나 따위가 무슨 방점 하나 찍을 수 있겠느냐 생각했지만, 아니 하느니보다 낫지 않겠나. 그래, 엄마인 나와, 그리고 다른 엄마들 모두 같이 성장해서 좀 더 쌔끈한 세상을 만들어보자고.

어쩌면 내가 그토록 힘들어했던 엄마의 모습은, 그녀가 엄마와 자기 자신 사이에서 몸부림치는 모습이었는지도 모른다. 세상이 바라는 엄마의 상에 빗대어 나의 엄마를 바라보며, 끊임없이 나를 위해서만 엄마를 끌어내리려 했던 어린 나. 그 사이에서 자신을 살아내고자 했던 내 엄마의 싸움이었는지도 모른다.

나는 좋은 엄마가 되고 싶다. 그 마음은 앞으로도 변함없을 것이다. 하지만 어린 시절 내가 생각했던 좋은 엄마의 모습과 지금 내가 바라는 좋은 엄마의 모습은 사뭇 다르다. 그리고 나는 그 고통스러운 대물림을 끊어내겠다고 다짐한다. 누군가 하나쯤은 충분히 만족하며 살아가는 그 모습을 보여줄 때도 되지 않겠나.

그리고 더 많은 엄마들이 충분히 선택하며 살아갈 수 있도록, 자기를 잘 살아낼 수 있도록 나는 지금 이 일을 멈추지 않으려고 한다. 나의 엄마 그리고 세상의 많은 엄마들을 위해서. 그녀들이 조금은 위안 삼을 수 있는 그런 회사를 만들어가고 싶다.

남편 돈 쓰지 않고 창업하기

사람들이 흔히 하는 오해가 있다.

"사업한다고 남편이 금전적으로 좀 해주나 봐?"

그럴때마다 나는 단호하게 이야기한다.

"저희는 남편 돈 안 쓰고 창업했어요."

사실 그렇다. 나는 그 누구의 도움도 없이 말 그대로 무일푼에서 시작했다. 정부지원 사업들을 받아가며 근근이 서비스를 개발하고, 몸이 부서져라 강의를 나가면서 사업을 운영해왔다. 우리는 망해 자빠지지 않기 위해 엄청나게 노력해온 것이다.

사실 창업을 시작하면서 가장 어렵고 힘든 건 역시 돈이다. 돈도 충분하게 벌지 못하는데다가 투자해야 할 것들은 넘쳐난다. 무일푼으로 시작하다 보니 순간순간마다 어려움이 산적해 있다. 창업 지원과 관련한 사업을 알아보는 것은 매일의 일과다. 창업자금을 조달하기 위해 썼던 제안서만 200개가 넘는다는 사실은, 정말 '안 비밀'이다. 어쩜 이렇게 신박하게 앵벌이를 하며 사업을 시작하는 것인가, 가끔은 회의감이 몰려들기도 하지만 애써 스스로를 다독인다. 그렇게 제안사업에 무수히 떨어지고 까이는 게 어느덧 일상이 되고, 취업 준비 이후 처음으로 느껴보는 서류 광탈에 멘탈까지 박살나버리기가 부지기수. 하지만 맥주 한잔에 싹 씻어버리고 다시 사업계획서를 작성했던 지난날. 그렇게 깨작깨작 받아온 소액의 사업비들로 여기까지 왔다고 하면 다들 엄지를 척 하고 드는 것이다.

그런 나에게 남편이 자금을 조달해줬을 것이라고 어림짐작하다니. 그런 깜찍한 생각은 어디에서부터 시작한 것이냔 말이다. 솔직히 그런 생각을 안 해본 것은 아니다. 아, 남편님이 마누라님 사업하시라고 몇 천만 대주면 진짜 너무너무 좋겠다, 하는 망상 같은 것. 물론 그런 일은 생길 리 없고(자금 사정을 뻔히 다 아니, 갑자기 숙연해지는군!) 설사 그런다고 해도 받을 생각은 없다. 돈도 제대로 못 벌어오면서 나가서 바쁘기만 한 마누라를 이해해주는 것만으로도, 천억 금을 얻었다고 생각하기 때문이다.

역시 자본주의 사회에서는 돈이 권력, 누구에게도 돈을 받지 않았으니 우리는 돈이 없어 당당하다. 물론 어느 순간 정말 돈이 필요한 상황이 생기더라도 남편 돈은 절대 받지 않을 생각이다. 남편이 주주가 된다니! 생각만 해도 너무나 피곤한 일이다. 외조도 바라지 않는다. 우리가 타는 이 창업의 파도를 부정하지만 않아주면 충분하다. 그야말로 돈 주고 생색내는 것보다 훨씬 값지다.

오늘도 버티며 나는 말한다.

"야, 에어비앤비 대표는 씨리얼 팔아 버텼는데 그 정도 못하겠냐."

"나, 버티는 것 하나는 진짜 잘하잖냐. 애들까지 이고 지고 여기까지 왔는데 말이야. 김밥이라도 말아 팔면 돼!"

그래, 가즈아!!

기 빠지는 에미들

 산전수전 다 겪은 엄마들의 창업은 그 색깔이 약간 다르다. 특히 우리처럼 삶 자체가 전투적인 어미들의 창업은 더욱 그 농도가 짙다. 그러다 보니 우리를 만나는 다른 창업가 친구들은 우리를 보면 기가 빨린다는 표현을 많이 한다.
 실제로 그렇다. 많은 사업이 초창기에 망한다. 생존률은 10프로도 안 된다는 것, 사실이다. 함께 초기 창업 교육을 받았던 이들은 대부분 더 이상 사업을 하지 않는 경우가 많다. 그만큼 어렵다는 반증이다. 모든 것을 불살라 매달려도 망하는 게 너무나 당연한 스타트업의 생태계에서, 나처럼 아이까지 키워가며 계속한다는 것은 정말 쉽지 않다. 일에만 몰입해도 부족한 시간에 다른 것들까지 손에

"

누구에게도 돈을 받지 않았으니
우리는 돈이 없어 당당하다.
물론 어느 순간 정말 돈이 필요한 상황이 생기더라도
남편 돈은 절대 받지 않을 생각이다.
남편이 주주가 된다니!
생각만 해도 너무나 피곤한 일이다.

쥐고 있으니, 물리적인 시간이 절대 부족한 것도 사실이다. 그러니 우리는 더 매섭게 일한다.

시간이 부족하다는 것은 나를 더욱 몰입하게 만든다. 수십 개 안건을 40분 안에 처리하는 기염을 토해내는 것은, 열정이 아니라 어린이집 하원 시간 때문이다.

기저귀 가방에 노트북을 항상 넣어두고 다니는 것은, 내가 섹시한 워커홀릭이어서가 아니라 아이가 잠깐이라도 잠든 찰나에 밀린 일을 해두어야 하기 때문이다. 안 그러면 일이 쌓여 파국으로 치닫게 되니 어쩔 수 없다. 늦게까지 일한 다음 날에도 나는 늦잠을 잘 수 없다. 아침에 아이를 등원시켜야 하기 때문이다. 결혼하지 않은 친구들이 늦잠도 자고 밤샘도 하며 시간을 자유롭게 쓸 수 있을 때, 나는 물리적으로 일단 시간이 없기 때문에 자유 시간을 모두 일에 쏟아붓는다. 시작점 자체가 다르니 더 치열하고 쫀쫀하게 달릴 수밖에 없다. 안 그러면 망해버릴 게 뻔하기 때문이다.

그래서 나는 무섭도록 몰입한다. 몰입하지 않으면 이 사업을 진행할 수 없으니, 있는 기 없는 기 단전부터 끌어모아 전투적으로 임한다. 그것이 내가 일해온 방식이고 살아남은 방법인 셈이다.

공동 창업자와 내가 더 젊은 날에 창업했다면 어땠을까 하는 이야기를 나눈 적이 있다. 시간도 많고 여유도 넘쳤으니 더 잘하지 않을까라는 누군가의 물음에, 우리는 "아니"라고 단호하게 이야기했다. 엄마가 되어 아이를 키우며 일을 하니 더욱 몰입하고 빠르게 나아갈 수 있었던 것이라고. 아이가 없었다면 이렇게까지 열정적으로 하지 못했을 거라고. 아이를 키우며 겪었던 산전수전공중전(앞으로도 더 남은 공중제비까지)를 겪어냈으니 창업을 할 수 있는 것이라고. 살아 있는 생명을 키워내봤으니 비즈니스도 생명체처럼 키워낼 수 있는 것이라고.

아마도 시간이 지난다 한들 나에게 시간이 더 여유롭게 생길 것 같지는 않다. 아이들이 자랄수록 더 손이 많이 갈 테고, 게다가 나는 아이가 둘이나 있으니 앞으로 앞날이 안 봐도 비디오다. 하지만 시간을 쥐어짜내는 열정만큼, 회사는 조금씩, 더디지만 건강하게 성장하고 있다. 그리고 이 경험들은 나 스스로를 분명 성장시켰으리라 믿는다. 뭐 이렇게 내공이 차곡차곡 쌓이면 어느 순간에 공중부양이라도 하겠지. 그날까지 기 빨리는 에미들은 기 구슬 모으며, 험난한 길 뚜벅뚜벅 간다.

송년회라는
사치

3년 전 이맘때 나는 매우 바빴다. 송년 모임으로 하루하루 분주하게 보낼 때쯤 아이를 가졌다는 사실을 알았다. 그리고 나는 그 뒤 3년째 송년회를 잊어버렸다.

송년회. 한 해를 보내는 모임. 사람들이 삼삼오오 만나 한 해를 돌아보며 이야기를 나누는, 흔하디흔한 그 송년회가 나에게는 사치처럼 느껴진다.

그래, 한번 만나야지.

응, 바쁜 것 지나가면 보자.

연말이 되어 통화를 하면서 사람들은 나에게 묻는다. 창업을 시작했는데 요즘 많이 바쁘냐고. 바빠 보인다고. 얼굴 볼 시간은 있겠냐고.

사실 저녁 시간은 대개 아이를 돌보기 때문에, 저녁에 바쁠 일은 없다. 다만 나에게는 허락되지 않은 시간일 뿐이다. 자유롭지 않은 저녁 시간과 숨 막히게 바쁜 낮 시간. 누군가를 여유롭게 만나고 한 해를 마무리하며 시시껄렁한 이야기들로 술잔을 기울이는 것은, 나에게는 이미 사치 같은 일이 되어버렸다.

친구들을 만나 술 한잔 기울이기도 쉽지 않은 삼십대 초반 엄마들을 친구로 둔 나에게 송년회란, 참으로 잡기 어려운 약속과도 같다.

"애 아빠 일정 좀 볼게……"

기혼이자 애 엄마들인 우리의 송년회에는 남편의 칼퇴근이 보장되어야 하며, 안 되면 아이를 봐주실 분이 있어야 하고, 그 와중에도 빠지기 어려운 회사 송년회들로 그 찬스들을 다 써버리기 부지기수이다. 그렇게 나의 일상은 점점 더 뒤로 물러난다. 간혹 나의 송년회에 남편의 송년회 일정이라도 겹치게 되면, 내 일정을 포기하는 것은 너무나도 익숙한 일상.

그렇게 남편은 세밑에 열심히 내년을 기약하지만 나에게 다가올 내년은 소름 끼칠 만큼 어제와 같다.

보내지 못하는 한 해와 꾸역꾸역 다가오는 한 해 앞에서, 나는 이토록 최선을 다해 앞으로 달려나간다.

화려하지 않고 창백하도록 소박하게.
무섭도록 우직하고 놀랍도록 느리게.

나도
네트워크 모임
가고 싶다

모임이 또 저녁에 있군.

스타트업과 관련한 각종 지원 행사들을 보면 큰 한숨이 나오곤 한다. 스타트업을 시작하는 데 있어서 참으로 중요하다는 그것, 아무리 강조해도 모자람이 없다는 그것, 바로 네트워크 모임이다.

나도 몇 군데 네트워크 모임에 가입되어 있다. 하지만 실상은 한 달에 한 번 또는 그 이상 시간을 내기란 정말 쉽지 않다. 대부분의 모임이 저녁에 이루어지기 때문이다.

뭐, 회사 다니며 야근한다 생각하면 되는 거지 뭐가 문제야? 이렇게 단순하게 생각하기에는 참 쉽지 않은 문제다.

내가 네트워크 모임에 가게 된다면 그날이 남편 일정과 맞아떨어져 누군가 저녁에 아이를 돌볼 수 있는 상황이 되어야 하고, 아직은 어린 내 아이가 아빠와 자는 것을 거부한다면 나는 아이를 재우기 위해 부리나케 달려와야 하며, 그렇게 된다면 네트워크 모임에 간 이유와 명분은 사라지고 네트워킹을 제대로 하지 못한 참여자가 되는 상황이 벌어지기 때문이다. 만약 아이가 나를 기다리며 잠을 자지 않는다면 그다음 날 벌어질 재앙의 시작일 수도 있다.

이러한 각종 상황이 나를 옥죄어온다. 그럼 고민하게 된다. 꼭 필요한 모임일까? 정말 가야 하는 자리일까? 대부분의 선택은 가볍게 마무리된다. 애기가 조금 더 크면 가야지. 그때가 되면 나랑도 떨어지고 아빠랑도 잠을 잘 테니 조금만 기다리자.

처음부터 워킹맘이었다면 괜찮았을지도 모를 일. 나의 저녁시간은 그렇게, 몸도 머리도 숨가쁘게 돌아간다. 어쩌면 처음부터 내가 워킹맘이었고, 야근이나 회식은 생활에서 당연한 것이었으며, 또 남편이 아니라도 아이를 돌봐줄 대안책이 있는 상태로 일했다면 이렇게까지 복잡한 문제에 시달리지는 않았을 것이다.

일의 연장선이고 필요한 것이니 당연히 해야 한다고 쉽게 생각했을 수도 있지만, 왜인지 모르게 저녁 시간을 내는 건 쉽지 않은 문제다. 특히 자의에 의해 저녁 시간을 뺀다는 건 정직하게 돌아가던 일상의 시곗바늘에 큰 변화를 주는 거대한 사건처럼 느껴지기에 더더욱, 나에게 어려운 문제이자 숙제 같다. 게다가 사업을 정립해나가고 자리를 잡아가는 지금 초기 단계에서는, 그렇게 저녁의 모든 시간을 빼도 괜찮을 만큼 엄마 창업자에게 관대한 이는 아무도 없다. 아무것도 보이지 않기에 아무도 믿어주지 않기 때문이다. 설령 그것이 가족이라고 할지라도.

만약 내가 창업을 시작하는 아빠였다면 어땠을까. 아마도 저녁 시간을 빼는 것을 나처럼 이렇게까지 부담스러워하지는 않겠지. 사업은 힘든 거라고 하니 와이프도 인정해줬을 것이다. 사람도 만나야 하니 저녁에 늦게 집에 들어오는 것도 당연히 이해받을 수 있고, 처자식을 먹여 살려야 하는 책임감이 막중하기 때문에 아빠들의 창업은 엄마들의 창업보다는 적어도 시간에 있어서는 구속받지 않았을 것이다(물론 가정을 책임져야 한다는 압박감은 이루 말할 수 없겠지).

아빠의 창업과 엄마의 창업은 이토록 온도 차이가 심하다. 아빠의 창업은 새로운 일을 만들어가는 일이고 생계가 달린 매우 중요한 일로 인식되는 반면, 엄마의 창업은 그저 네가 하고 싶어서 하는 일이라는 인식이 강하다. 그러니 주변 시선은 더 싸늘해지고, 엄마는 고독하고 외로운 길을 무겁게 달려간다. 육아와 살림은 기본으로 짊어진 채로(허억).

나에게도 그런 날들이 있었다. 사람들을 만나고 영역을 넓혀가던 때가 있었다. 명함첩에 명함이 가득 쌓여가고 사람들을 알고 지내는 것이 큰 자랑처럼 여겨지던 때가 있었다. 미래를 이야기하고 삶을 이야기하고 비전을 이야기하던 사람들이 함께 있었다.

우리 한번 새로운 것 좀 해볼까요! 하며 으쌰으쌰하던 때도 있었다. 지금은 지나버린 흑백 필름 같은 그날들.

나는 지금도 네트워크 모임의 신청서 버튼을 만지작거리며 남편의 캘린더를 먼저 살펴본다. 남편은 흔쾌히 다녀오라고 하지만, 아직 내려놓지 못한 나의 불안들은 다시 나를 움츠러들게 만든다.

이런 단련의 시간들이 어서 지나가기만을, 아이가 그만큼 크기만을 바랄 뿐이다. 그땐 더 풍부하고 많은 것들을 내 안에 담아올 수 있겠지. 더 단단해진 내가 세상으로 보다 편안하게 나갈 그날이 빨리 오길 기대해본다.

키즈 카페와 노트북

내 공동 창업자의 사업 제안을 처음 들은 날을 기억한다.

그날은 아이가 어린이집을 가지 않겠다고 뻗대던 날이었다. 이러저러한 일정들도 맞물려 아이를 데리고 하루 종일 외출해야 하는 상황. 그녀와 나는 한남동에 있는 한 키즈 카페에서 만났다.

그게 우리의 두 번째 만남이었다. 그녀는 노트북을 들고 나에게 본인이 생각하는 사업에 대해 피칭을 했다. 물론 그 피칭은 엉망이었다. 슬라이드 한 장을 넘기는 동안 아이는 나에게 와서 갖은 요구를 해댔다. 당시만 해도 표현도 아직 미숙하고 혼자서 잘 놀지 못하는 20개월쯤인 아이를 나는 종일 따라다녀야 했다.

슬라이드 한 장을 넘기고 볼풀에서 점핑존으로 이동하고, 점핑

존에 앉아서 일렁이는 파도에 앉은 기분으로 다음 슬라이드의 설명을 듣고, 그러다가 아이가 주방놀이로 옮겨가면 장난감 식재료들을 조물락대가며, 보통 같으면 5분 안에 끝내야 하는 그 슬라이드를 40분 동안 300토막 정도 나누어 들으면서, 사업 소개를 들은 건지 우즈베키스탄 말을 들은 건지 혼란에 빠질 때쯤 생각했다.

아, 우리의 사업은 이토록 고단하겠구나.

사업을 하겠다는 그 쿨한 결단은 그 지극한 혼돈 속에서 탄생했는지도 모른다. 아이들의 소음과 볼풀의 신기루 그리고 꿈과 희망으로 가득 찬 키즈 카페가 만들어준 결단력이랄까.

그리고 창업 2년차.

우리는 지금도 중요한 사업의 결단을 키즈 카페에서 해내고 있다.

아이가 어린이집 방학을 해야만 잠시 숨 돌릴 수 있는 상황이 되다 보니, 우리는 한 해의 종무식과 내년의 중요 사업 어젠다들을 키즈 카페에서 해결하는, 일반적인 비즈니스에서는 이해할 수 없는 일들을 하고 있는 것이다.

어린이집 방학 시즌이라 키즈 카페는 숨 쉴 수 없을 정도로 미어터진다. 엄마들은 삼삼오오 모여서 일상을 이야기한다. 아이 이야기, 남편 이야기 그리고 살아가는 이야기들. 그 가운데 두 여자가 노트북을 펴들고 회의를 하고 있다. 주어진 시간은 2시간. 주어진

시간 안에 30개의 어젠다를 빠르게 해치워야 한다. 너 밥은 먹었냐, 몸은 괜찮냐, 오는 길은 안 막혔냐, 이런 일상적인 질문은 사치다.

중간중간 아이들이 와서 물을 달라, 쉬 마렵다, 누가 나를 밀었다, 인형옷이 안 입혀진다며 우리 대화를 200번 정도 끊어도, 우리는 아무렇지 않게 일을 이어나간다. 가끔 헛웃음이 나지만 웃음도 사치다. 또 언제 아이가 달려와 우리에게 사업과는 별 관계없는 중요한 어젠다를 던지고 갈지 모르기 때문이다. 가령 똥이 마렵다거나, 엄마랑 놀고 싶다거나, 아니면 집에 가고 싶다거나 하는 거대한 어젠다들(이 세 가지는 거의 준재앙에 속한다).

그러다 문득 고개를 들어 주변을 살펴보니 우리는 참 낯설다. 키즈 카페의 콘센트에 꽂혀 있는 노트북 충전기도 낯설고, 거기에서 뭔가에 쫓기듯 일하고 있는 두 여자를 감싸는 공기도 낯설다. 옆 테이블의 여유로움과 저기 신나게 뛰어노는 아이들의 즐거움과는 다소 거리가 먼, 황소 같은 공기와 아우라가 우리 두 여자를 감싸고 있다.

우리는 그랬다. 스타트업을 하는 곳에서도 엄마들의 보편적인 세계에서도 낯선 사람들이었다.

이방인 같은 그 낯섦을 떠안고 여기까지 꾸역꾸역 온 2년. 그 첫 시작이던 키즈 카페에서의 고단한 사업 소개서처럼, 우리의 사업도 고단함의 연속이었고 아마 앞으로도 고단할 것이다. 이방인의 삶이, 태어나 죽을 때까지 늘 고단한 것처럼.

그래도 우리는 애써 웃어 보이며 말한다.

"아직 망하지는 않았네, 하하하하!!"

고단한 우리의 비즈니스는 아마 내년 종무식도 어딘가 키즈 카페의 한구석에서 하고 있을 것이다. 그맘때가 대부분 아이들 방학이니까. 그때는 직원들이 아이들을 잔뜩 대동해 올 테니, 어쩌면 키즈 카페를 하나 통째로 빌려야 할지도 모른다.

아무렴 어떤가. 아이와 함께 종무식을 할 수 있다는 것만큼 또 감사한 일이 어디 있으랴. 이 사업에 아이들의 협조가 없었다면 여기까지 해내지도 못했을 테니 말이다. 그러니 내년에도 아이들은 무럭무럭 자라나길. 일하느라 바쁜 엄마들을 조금 이해해주며 말이다.

나는 아이를
사랑하는 것만큼
나를 사랑해

나 하나만
포기하면

내가 일하고 있는 순간이 민폐처럼 느껴지는 날들이 있다. 그래, 나 혼자만 포기하면 편할 일이라는 생각 말이다. 대개의 경우 내가 아이를 돌보지만 간혹 아이와 동행할 수 없거나 중요한 일들이 겹치면 친정엄마에게 SOS를 치게 된다. 그럴 때면 나의 동선은 역대급 엉망진창 중구난방을 기록한다. 서울 서쪽 끝에서 회사가 있는 성수동까지, 그리고 동쪽 끝까지 하루에 두세 번을 왔다갔다 해야 하는 경우도 부지기수다.

이유는 하나. 아이를 데려다놓아야 하기 때문이다. 친정이 조금 멀리 있다 보니 일정 짜기가 여간 까다롭지 않다. 아이 둘을 데리고 진땀을 빼며 이동해서 아이를 내려두고 일터로 가는 길목에 서면,

"

이방인 같은 낯섦을 떠안고 여기까지 꾸역꾸역 온 2년.

나의 일은 고단함의 연속이었고 아마 앞으로도 고단할 것이다.

이방인의 삶이, 태어나 죽을 때까지 늘 고단한 것처럼.

그래도 나는 애써 웃어 보이며 말한다.

"아직 망하지는 않았네, 하하하하!!"

이미 하루에 쓸 모든 기운을 길바닥에 내다버리고 기진맥진. 그렇게 일터를 가서도 종종거리는 것은 부지기수다.

매일 있는 상황은 아니라고 자위하지만, 부모님께 부탁드리는 것은 여전히 맘 편한 일은 아니기 때문이다. 게다가 나 혼자 보기도 힘든 아이 둘을 부모님이 보고 있다고 생각하면 더더욱 맘이 편할 수 없다. 그러다가 가끔 친정엄마에게 도움을 청할 수 없는 상황이면 근처에 사시는 시어머니와 시누 언니께 도움을 청하게 되는데, 이 또한 마음 편한 일은 아니다. 모두 편안하게 아이를 돌봐주시지만, 며느리 된 입장에서는 속 시원하게 맡기기란 어렵다. 그러니 나는 항상 전전긍긍한다. 그러다 문득 드는 쓸쓸한 생각이 바로 그것. 나 하나만 포기하면 모두가 편해진다는 그 말이다.

민폐를 부리고 있다. 너는 너 하고 싶은 거 하겠다고 모두를 피곤하게 하고 있다. 그런 매서운 말을 듣기라도 하는 날에는, 나는 아이 둘을 키우며 일도 하지만 동시에 내 고집을 부리는 이기주의자가 되어버린다. 그래, 나는 왜 남들이 잘하는 그 포기란 걸 못해서 이러고 있는가.

나 하나만 포기하면 엄마의 허리와 손목은 편안해질 것이고, 나 하나만 포기하면 남편은 잘 다려진 깨끗한 셔츠를 입고 다닐 수 있다. 나 하나만 포기하면 모두가 편안해진다.

갈퀴처럼 마음을 훑고 지나가는 그 말. 노력하며 살고 있고 누구보다 최선을 다하지만, 노력하는 만큼 민폐를 부리고 있는 지금의 나. 그래도 애써 위로한다.

  내가 좀 더 노력해서 어떻게든 더 잘 살아내면 내 딸이 살아갈 세상에선, 너 하나만 포기하면 괜찮아진다는 그 말이 조금은 사라지지 않을까 싶어서. 적어도 내 딸은 누군가에게 등 떠밀려 포기하지 않게 하고 싶어서. 내 딸에게 조금 더 폭넓은 선택권을 주고 싶어서.

  그러니 숨죽여 울며 간다. 그곳이 어디인지 아직은 모르지만 말이다.

어수선한 콘퍼런스콜 회의

얼굴을 보기 힘드니 많은 경우 콘퍼런스콜로 회의를 진행한다. 결국 온라인보다 말로 대화해야 풀리는 문제들 앞에서는 어쩔 수 없는 선택(말이 콘퍼런스지 사실 그룹콜). 그리고 콘퍼런스콜로 진행되는 우리의 원격회의는 놀랄 만큼 엄청나게 어수선하며 말 그대로 코미디 그 자체다.

우선 접속 단계부터 우리는 엄청난 고비를 맞이한다. 대개의 경우 우리의 아이들이 모두 잠들어야 본 회의를 진행할 수 있기에, 시작 시간은 저녁 10시 30분에서 11시정도가 된다. 그때 모두가 짠! 하고 접속을 할 수 있느냐? 사실은 그것도 쉽지 않은 일이다. 최선을 다해서 아이를 재우려고 노력하다가 판이 깨지는 경우에는, 그냥 아이를 대동하고 회의를 해야 한다. 실제로 아이들은 신기하게도 엄마가 중요한 일이 있을 때에는 절대로 협조하지 않기 때문에, 10시 정도에 시작하는 콘퍼런스콜 회의에 아이들 모두가 참견하는 사단이 나곤 한다.

그렇게 어렵게 그룹통화에 접속했다 하더라도 이 또한 쉽지 않다. 우선 아이들은 이 통화에서 자신의 존재를 최대한 부각시키기 위해 인사를 하며, '내가 여기 있음'을 증명하기 시작한다. 그냥 안녕하세요!라고 말하고 쿨하게 퇴장해주면 좋으련만. 오늘 어린이집에서 있었던 일을 구구절절 이야기하는 아이들을 보며 우리는, 최대한 상냥하게 대해주면서 어떻게 하면 저 대화를 멈추게 할 수 있을지, 온갖 전문 지식을 총동원하여 최선을 다해 짱구를 굴리기 시작한다. 그렇게 인사가 일단락되면 본격적으로 비즈니스 이야기를 시작하려고 하지만, 때마침 아이들은 무언가를 쏟거나 깨거나 아니면 무수리(이것은 그야말로 우리들)가 필요한 상황을 신박하게 만들어낸다. 우리는 실로 심각한 통화를 하며 아이의 시중을 열심히 들고, 비즈니스 모델에 대해 이야기하면서 아이의 똥을 닦고, 수익 모델 이야기를 하며 우유를 데운다. 몸과 머리가 일치하지 않는 행동을 놀랍도록 꾸준히 하며 회의에 참여한다.

실로 놀라운 것은 저쪽 집 상황과 이쪽 집 상황이 크게 다르지 않아서, 우리는 보지 않아도 상대방을 볼 수 있는 염력을 발휘한다

는 점이다. 상대방의 말이 갑자기 멈춘 것은 아이에게 휴대폰을 뺏겼다는 것이다. 갑자기 부스럭 쿠르릉 쾅쾅쾅 소리가 나더라도 우리는 결코 놀라지 않는다. 곧 나의 휴대폰에도 일어날 일이기 때문이다.

회의를 하다 갑자기 멈추는 경우도 비일비재하다. 마치 최선을 다해서 힘을 주고 쾌변을 향해 달려가다 도중에 멈추어버리는 듯한 이 찝찝한 기분은 이루 말할 수 없지만, 그래도 이 또한 어쩔 수 없는 부분 아닌가.

어린 아이들을 키우며 사업을 해나간다는 것은 결코 쉽지 않지만, 이런 순간순간은 우리에게 소소한 즐거움을 선사한다. 크고 작은 에피소드들을 겪으며 아이들도 우리들과 함께 나름대로 성장해가고 있다. 새로운 사람들이 우리들과 함께하면 할수록, 아마 우리의 콘퍼런스콜에 참여하는 아이들 숫자도 더욱더 늘어날 것이다. 더욱 정신없어질 원격회의지만, 그래도 동업자들과 아이들이 모두 함께하는 것만으로도 의미 있고 재미있는 추억이 아닐지.

이름도 몰라요
성도 몰라

공동 창업자와 만나게 된 이후 정신없이 일만 하다가 어느 날 문득 생각이 났다.

"근데 언니 남편, 직업이 뭐니?"

그랬다. 일에 미쳐 있던 여자들은 서로에 대한 기본 정보를 알아내고 이해할 새도 없이, 그냥 죽어라 일만 했던 것이다. 그러다 공동 창업자인 그녀에 대해 너무 아는 게 없다는 사실을 깨달았다. 만난 지 6개월 정도 되었을 때였다.

우리가 사람들과 관계를 맺을 때는 상대방에 대한 기본 지식을 어느 정도 알아야 심리적으로 안정감을 느낀다. 그 사람이 사는 곳, 출신 학교, 직업 등의 기초 지식은 상대방을 이해하는 데 큰 도움이 된다. 결혼하고 나서 추가된 기본 정보 중 하나는 바로 '남편의 직업'이었다. 왜 때문인지 모르겠지만 아이 엄마가 되고 나서는 특히 이 부분을 과도하게 자랑하는 사람들을 자주 보게 되었다.

나는 남편의 성격이나 성향에 대해서는 이야기하지만 직업에 대해서는 먼저 이야기하는 타입이 아니다. 그러다 보니 사람들은 나를 볼 때마다 남편이 뭐하는 사람이냐고 묻고 싶어 미치겠다는 표정을 자주 짓곤 했다. 그럴 때면 나는 못된 심술보가 활짝 열렸다. 어디 한번 계속 궁금해보렴 꺄르르, 하며 끝까지 대답을 안 해주곤 했다. 사실 엄마들끼리 모여 남의 남편 직업을 두고 좋네 나쁘네, 돈을 잘 버네 못 버네 하는 이야기들을 듣는 것도 하는 것도 싫었다. 한 사람으로서의 삶의 모습이나 사람 자체가 궁금한 것이 아니라 한 남자의 아내로서의 정체성을 먼저 묻는 사람들은 다소 불편했다.

그러니 이런 나는 너무나 아무렇지 않게, 나의 공동 창업자에게도 그런 기초 정보(?)를 6개월간 물어보지 않는 만행을 저지르게 된 것이다. 6개월간 하루도 빠지지 않고 몇 시간을 그리도 무수히 많은 이야기들을 나누었는데, 수많은 메신저 대화창에서 그런 기초 지식을 한 번도 묻지 않았다니, 순간 망치로 한 대 얻어맞은 기분이었다. 뭐가 그렇게 급하고 정신이 없어서 그런 정보조차 나누지 못했느냐는 말이다.

생각해보면 우리는 공통의 가치관을 서비스로 만들어내는 것, 그것만이 유일한 목표였다. 또한 누구의 남편이자 누구의 엄마가 아닌 각자의 존재 자체에 최선을 다해 집중했기에, 서로에 대해 충분한 정보를 가지고 있다고 생각했는지도 모른다.

누구의 엄마로 살아오고, 누구의 아내로 인식되는 것이 익숙했던 삶 속에서, 나는 나를 감싸고 있던 엄마와 아내라는 역할을 잠시 내려놓게 되었다. 그 순간은 잠깐의 쉼이자 숨이었다. 우리는 서로의 주변에 대해 궁금해하지 않는 것으로, 그렇게 서로의 숨통을 틔웠는지도 모른다.

그렇다. 필요한 건 우리 주변을 둘러싸고 있는 것이 아니라 우리 자신이었다.

아, 근데 언니. 언니 애기, 성은 뭐야? ㅋㅋㅋㅋㅋㅋㅋㅋ
그러고보니 나도 네 남편 이름도 성도 모르네.
어. 그러네. ㅋㅋㅋㅋㅋㅋㅋ. 아이엠그라운드라도 해서 자기소개 해야겠다. 남편 자기소개 하는 엑셀 양식 좀 만들어서 보내. ㅋㅋㅋ

엄마들을 위한 창업 교육

지원 사업 떴다. 응, 근데 1박 2일 해커톤(해커와 마라톤의 합성어로, 유관 직업군의 사람들이 함께 프로젝트를 진행하고 결과물을 출품하는 행사)이래.

아… ㅋㅋㅋㅋ 못하겠네, 제길.

응… ㅋㅋㅋㅋ 제길.

분명 여성 창업자를 위한 창업 경진대회였다. 근데 1박 2일 일정의 해커톤이라니. 상황파악 못한 복학생이 신상 아이템으로 한껏 멋 부리는 양 내게는 어색한 행사다.

여성 창업이 대세라고 한다. 세상이 온통 창업을 하라고 등 떠미는 상황에서 어찌 여성들을 위한 정책들이 없겠나. 실제로 여성들을 위한 창업 프로그램은 한두 달에 하나씩 계속 생겨나고 있다. 하지만 이런 프로그램들을 가만히 들여다보자면 단전부터 올라오는 깊은 분노를 느끼게 된다.

창업 프로그램은 사실상 엄마들이 들을 수 없는 구조다. 말이 경력단절 여성을 위한 창업프로그램이지, 실제로 까놓고 보면 1박 2일 캠프를 간다거나 9시부터 6시까지의 교육 프로그램을 운영하는 기관이 상당하다. 엄마들이 어떤 상황에 놓여서 새롭게 일을 시작하려고 하는지에 대한 이해가 전혀 녹아 있지 않다.

가끔은 그런 프로그램들도 있다. 경력단절 여성들을 위한 창업 프로그램이라면서 온라인 쇼핑몰만 만들 수 있도록 커리큘럼이 구성되어 있다거나, 여성 인력 개발을 위해 잼을 만들거나 하는 가사 노동 연장선상으로서의 창업들을 독려하고 지원한다. 그런 보여주기식 행사로만 머무는 기존 창업 교육 프로그램들을 듣고 볼 때마다 생각한다. 세상은 그냥 엄마라는 존재에 대해 크게 관심이 없구나.

사실 우리들은 엄마가 되면서 기업가가 되었다고 생각한다. '기업가 정신'의 사전적 의미는 '외부환경 변화에 민감하게 대응하면서 항상 기회를 추구하고, 그 기회를 잡기 위해 혁신적인 사고와 행동을 하고, 그로 인해 시장에 새로운 가치를 창조하고자 하는 생각과 의지'라고 한다. 돌이켜보면 엄마가 된다는 것은 바로 이 기업가 정신을 자연스럽게 탑재하는 과정이었다. 사업이라는 것이 비즈니스라는 유기적인 생명체를 키워나가는 과정이라면, 우리는 진짜 생명을 키워내지 않았는가. 게다가 그 생명이 그냥 화초처럼 순하고 곱게 크는 게 아니라 얼마나 난리법석을 치며 커가냐는 말이다. 아이를 키우느니 밭을 맨다는 옛 선인들 말처럼, 밭을 일구는 것이 육아보다 쉬운 일임을 우리 모두가 알고 있지 않나. 그런데도 엄마들이 지닌 기업가정신에 대해서는 크게 관심을 두지 않는 지금의 현실. 누구보다 좋은 자원을 가지고 있지만 세상은 인정해주지 않는 셈이다.

엄마들은 위대하다. 타인을 위해 기꺼이 희생해본 경험이 있고, 그 경험을 끈기 있게 지켜왔으며 수많은 새로운 고비들을 담대하게 이겨낸다. 밖에서 일을 하건, 그렇지 않건 그녀들은 이미 기업가정신을 충분히 탑재하고 있다.

언젠가 엄마들을 위한 창업 프로그램을 기획해봐야지. 구글캠퍼스의 포맘처럼 엄마들을 기업가로 인정해주고, 그녀들이 꿈꾸는 그림들을 더 멋지게 실행해볼 수 있도록 숨을 불어넣어줘야지. 그녀들이 세상 앞에서 더 당당히 설 수 있도록. 그 길, 같이 가보고 싶다.

애도 보고
일도 하자

누군가 우리를 보고 말했다. '엄마를 위한 스타트업 그로잉맘.' 우리는 부모와 관련된 많은 것들을 하고 있다. 아이 키우기가 어려운 엄마들을 위해 양육관을 세워주는 작업을 하고, 엄마들의 망가진 자존감도 세우는 작업들을 한다. 이와 연결해 경력이 단절된 엄마들을 세상 밖으로 이끌어내기도 하고, 엄마들 간 건강한 커뮤니티를 만드는 데 힘을 쏟기도 한다. 그렇게 우리는 마치 엄마에 중독된 사람들처럼, 다양한 방법으로 엄마들을 건강하게 세우는 데 온 힘을 다하고 있다.

목표는 이렇게 바로 선 엄마들과 함께 일하는 것이다. 엄마로서의 자아와 나 자신으로서의 모습이 건강한 균형을 이루는 삶을 살

아가도록 하고, 그들이 우리와 함께 즐겁게 일하며 성장하기를 꿈꾼다.

방학 때 아이를 맡기느라 동동거리지 않고 아이와 함께 회사로 출근할 수 있고, 아이가 회사 공간 한 켠에서 그림을 그리며 시간을 보낼 수 있게 하는 것. 아이가 전염병에 걸려 등원하지 못해, 엄마가 집에서 업무를 보아도 아무런 문제가 되지 않는 분위기를 만드는 것. 예측 불가능한 다양한 변수를 인정해주면서도 개인과 회사의 성장을 위해 각자 건강한 리더십을 가지고 살아갈 수 있게 하는 것. 이 모두가 우리가 하고 싶고 해결해야 하는 크고 작은 미션들이다.

사람들은 우리에게 묻는다. 엄마들은 변수가 너무 많아서 회사를 운영하는 데 좋은 인재가 아니라고. 틀린 말은 아니다. 엄마들에겐 변수가 많다. 하지만 그렇다고 해서 그 변수가 회사 일을 하는 데 큰 문제가 되지 않는다고 믿는다. 엄마들은 아이를 키워낸 만큼, 최선의 책임감을 가지고 살아가는 사람들이기 때문이다.

그 책임감이 회사에서도 충분히 발휘될 수 있다면 시공간의 제약은 크게 문제되지 않는다. 어떠한 상황에서든 해내고야 마는 것이 엄마들이 가지고 있는 큰 자원이기 때문이다.

나와 내 공동 창업자가 해내왔던 것처럼, 그리고 수많은 엄마 창업자들과 워킹맘들이 이겨내온 것처럼, 엄마들은 엄마로서의 경력을 통해 더 많은 일들을 해낼 수 있으리라.

"

엄마들은 위대하다.
타인을 위해 기꺼이 희생해본 경험이 있고,
그 경험을 끈기 있게 지켜왔으며
수많은 새로운 고비들을 담대하게 이겨내는 엄마들.
그녀들은 이미 기업가정신을 충분히 탑재하고 있다.

또다시 상상한다.

키즈 카페에서 아이들과 함께 종무식을 하는 우리를. 회사 워크숍을 아이들과 함께 떠나는, 생각만 해도 조금은 아찔하면서도 따뜻한 상상을. 워크숍을 간다 해도 남편 눈치도 시댁 눈치도 보지 않아도 되는, 그런 편안한 마음 상태를 선물해줄 수 있다면 얼마나 좋을까. 물론 워크숍을 하는 동안 베이비시터까지 고용해 갈 수 있다면 더 최고겠지만.

우리는 생각한다. 엄마들이 일할 수 있는 회사 문화를 만들자. 나의 삶이 건강하게 전환되어 엄마로도 나 자신으로도 균형 있게 살 수 있도록 하자. 아이를 키우는 것이 죄스럽지 않고 멋진 경력으로 인정받을 수 있는, 일하는 엄마를 위한 진정한 회사를 만들자.

카오스적
에미론적 사고관

근래 창업과 관련한 이런저런 교육을 받고 다니고 있다. 교육 프로그램 내용 중 본인이 겪는 일에 대한 어려움 또는 고민거리를 적어내는 시간에 썼던 한 가지.

'아이 하원을 시켜야 하는데 교육이 6시에 끝나서 부담이 되네요.'

그 외에도 고민거리는 크게 어떠한 경계선을 넘어가지 못한다.
남편의 지지, 시댁, 그리고 아이.
아이, 아이!!!! 육아, 육아, 유우우우욱아!!!!
포스트잇에 이런 것들만 한가득 토해내고 나니 주변에서 적은 고민들이 눈에 들어온다. 꿈, 그리고 도전. 학업. 진학.

다른 팀은 새파랗게 젊은 청춘의 늪들이다. 아주 청춘이 청춘청춘하다. 그들의 고민은 커뮤니케이션이나 미래에 관한 것이나 열정이 사라질까 두려운 마음에 관한 것이다. 뚫기 힘든 취업 관문 또는 지금 하고 있는 일 그 자체에 초점이 맞춰져 있다.

그런 고민들을 보다 보니 부럽다. 이미 나에게는 고민 수준을 넘어선 것들. 어쩌면 지나와서 고민이 되지 않은 것일까. 아니면 다른 고민들을 할 정신머리가 없는 것일까.

나는 말 그대로 일과 삶의 균형, 즉 가정을 지키며 일하는 것이 고민의 결정체다. 열정이라든지 정열, 끈기, 이런 것들은 이미 탑재 완료되었다. 다만 내가 하고 싶은 일을 마음껏 하기에는 주렁주렁 매달려 있는 것이 많다 보니, 내 마음대로 하는 것 자체가 물리적으로 힘든 상황이다. 그러니 내 한몸 자유로운 이들로서는 절대 이해할 수 없는 삶의 영역이겠지.

우리가 적어낸 육아적 혼돈과 카오스적 에미론적 사고관을 보며, 교육을 진행하는 다른 사람들은 엄청 재미어했다. "여러분, 그래서, 엄마가 뭘 하는 게 이렇게나 힘들어요" 하니까 모두들 빵 터졌다. 아마도 모를 거다, 내 기분. 그래도 젊은이가 웃으니 보기 좋다. 그래, 지금 마음껏 웃어요. 지금 아니면 못 웃어요, 헤헤헤.

일과 육아의 균형을 찾는다는 건 어쩌면 대한민국에선 불가능한 영역 같다. 특히 엄마에게 있어서는 더더욱. 모든 책임이 엄마에게 돌아가기 때문에 엄마는 결국 양자택일을 해야만 한다. 아이를 볼 것인가 일을 할 것인가.

근데 생각해보면 우리의 출퇴근 시간이 조금 합리적으로 바뀌고, 아이들을 믿고 맡기고 그보다도 눈치 안 보고 맡길 수 있는 보육시설만 있다면 문제될 게 있겠나. 집값이 조금만 합리적이어도, 도시 난민이 되어 외곽으로 물러나 출퇴근에 두세 시간씩 쏟는 일도 사라질 것이고, 가족과 더 많은 시간을 보낼 수 있지 않겠나. 그럴 방법을 찾기 힘드니, 에브리바디 이 고생을 하고 있겠지.

균형을 찾는 게 너무 힘드니 하나를 포기해버리는 게 당연해졌다. 평범한 것 같은 일상을 유지하기 위해 뼈 깎는 고통을 감내해야 하는 현실. 스무 살 때 생각한 상식의 수준이 나노입자처럼 파괴되고 있는 현실. 일과 육아를 같이 할 수 없다는 현실. 할 수야 있지만 너무 힘이 든다는 현실. 그게 진짜 너어무 너어무 아웃 오브 컨트롤 수준으로 힘들다는 현실.

그래도 하나를 내려놓고 싶지는 않다는 확신. 왜 여자만 이런 고

생을 해야 하나요, 하며 억울해하기엔 내 딸이 그런 세상을 살지 않게 하려면 내가 조금 희생하는 수밖에(이것이 낀 세대의 운명인가요). 우리 어머니 세대가 그랬던 것처럼 말이다.

일과 가정이 양립하는 세상을 만들고 싶다고 이야기하면, 내가 한국의 워렌 버핏이 되는 게 차라리 빠르겠다고들 했다. 우와! 워렌 버핏처럼 부자가 되면 좋겠다만 어차피 그런 일은 이번 생에서는 깔끔하게 포기한다. 그러니 일과 가정을 모두 지킬 수 있는 세상에 조금이라도 기여할 수 있는 사람이 되고 싶어진다. 조금이라도 노력하면 언젠가는 썩은 물이 빠지지 않겠나.

그런 의미에서 일과 가정을 어떻게든 함께 가져가자, 그것이 가능한 회사를 꼭 만들어내자고 다짐한다. 일도 가정도 모두 함께 운영되는, 적어도 죄책감을 느끼지 않는 회사를 성장시켜내야지. 그래서 헛소리 하고 다니는 조직의 암세포들에게 뇌세포 치유의 기적을 행하고 싶다.

"집에 좀 들어가요, 지금 세상이 어느 세상인데 가족까지 버려가며 일을 해, 후지게!"

슈퍼우먼의 변명

자, 생각해보자.

나는 우리 가정을 위해 일해. 너와 내 딸을 위해서 돈을 벌어.

나는 일하기 싫어. 그렇지만 일해. 이게 나의 희생이야. 넌 무얼 위해 일하니?

나: 만약 일을 한다면, 나는 일이 하고 싶어 일하는 거겠지.

그럼 너는 너 하고 싶은 걸 하는 거네. 가정은 돌보지 않고. 넌 무얼 희생하지? 즐겁게 일하고 다른 건 돈으로 해결한다면. 하고 싶은 거만 하며 살 수 없는데 넌 하고 싶은 거만 하며 살고 싶어해.

나: …….

반박할 수 없다. 맞는 말이다.

내가 일을 하고 싶은 게 죄다. 부모의 희생이 당연한 이 세상에서 사랑보다 희생을 강조하는, 아니 많은 희생을 강조하는 가부장 세상에서 적어도 우리 남편은 따뜻한 사람이다. 가정적이고 책임감 넘친다. 가끔은 고집스럽지만 대개의 경우 사려 깊고 상냥하다.

아주 평범한 한국 남자이며 사실 나보다 가사노동을 더 많이 하는 그런 좋은 사람인데도 저런 넘을 수 없는 편견을 가지고 있으니, 나는 가끔 생각한다. 아, 정말 수많은 사람들이 나보다 더 힘든 고민에 놓여 있겠구나.

결국은 슈퍼우먼이 되어야 한다. 살림도 잘하고 육아도 잘하고 일도 잘하는. 그중에 하나라도 못하면 명분이 안 선다. 변명이 되면 안 되기 때문에 일단은 다 잘해야 한다.

그렇다, 그래야 한다. 그래야 명분을 세울 수 있다. 내가 내 삶을 지켜나가기 위한 명분. 그렇기 때문에 엄마에게 씌인 '전담 양육'이라는 프레임은 가혹하다.

남편은 행복한 일을 찾아 즐겁게 일하고 나도 즐겁게 일하며 아이에게 즐거운 기운을 주는, 우리 모두가 함께 아이를 키우는 가족.

희생이 앞서는 게 아니라 사랑이 품어주는 그런 가정이 되려면 사실 넘어야 할 산들이 너무 많다.

딸아, 너도 스타트업 해볼래?

누군가 나에게 이렇게 말했다.

"엄마가 이렇게 활기차니 따님도 일찍부터 스타트업을 배워서 좋겠어요. 조기교육이 제대로 되겠는데요?"

만약 내 딸이 스타트업을 하겠다고 하면 난 어떤 말을 할지 문득 궁금해진다. 이 힘든 길을 가겠다고 하면 부모로서 말려야 하나, 아니면 전폭적으로 지지해야 하나.

사실 여성이 스타트업을 하기란 정말 쉽지 않다. 거기에 엄마가 창업을 한다는 건, 그 쉽지 않은 길에 지뢰까지 박힌 셈이다.

어떤 회사의 대표님을 만난 적이 있었다. 여성 창업가인데, 가족을 이루고 아이를 낳는 게 여전히 고민되고 걱정이라는 현실적인 이야기였다. 나는 그녀의 고민에 백번 공감했다. 임신과 출산, 그리고 양육이라는 과정을 겪어야 한다면, 사업을 운영하는 데 있어서 엄청난 리스크가 되기 때문이다. 이러한 이유 때문에 투자자들이 여성 창업가들을 색안경을 끼고 바라보는 경우도 많다는 것도 안다. 젊은 여성 대표들에게 임신과 출산을 언제 할 거냐고 물어보는 투자자들도 있다고 들었다.

가정을 일구고 사는 삶을 포기해야만 창업할 수 있다는 나름의 불문율. 죽을 듯 달려들어도 한순간 폭삭 망하는 게 너무나 아무렇지 않은 이 세계에서는, 그 불문율이 정석처럼 통한다. 그로 인해 좌절하거나 꿈을 접어버리는 대표들도 많았다.

그러니 선뜻 내 딸아이에게 스타트업을 해보라고 전폭 지원하기란 두렵기도 하다. 아이가 겪을 차가운 현실을 누구보다 잘 알기 때문이다. 아이가 꾸는 꿈의 근처까지 가는 것조차도 구조적으로 힘들 수 있기 때문이다. 투자를 심사하는 심사위원들의 10명 중 9명이 남자인 구조 안에서, 여성들이 제 목소리를 낸다는 건 계란으로 바위치기라는 사실을 알고 있기 때문이다.

그래도 나는 조심스럽게 아이에게 알려줄 것 같다. 스타트업은 참 좋은 것 같다고 말이다. 아이를 낳고 아무것도 할 수 없다고 생각했던 때, 말 그대로 스타트했던 스타트업은 몇 년 사이 나를 크게 성장시켰다. 큰 성공과 부를 가져다주지는 않았지만, 나는 더욱 풍부한 생의 이야기를 갖게 되었다. 힘들었지만 살아있다고 느낄 수 있었다. 내가 본연의 나로 반짝거리며 빛날 수 있는 시간들을 지나며, 나는 회복되었다.

스타트업을 시작하면서 만난 사람들은 꿈으로 빛나고 있었다. 그것이 성공하지 않는다 하더라도, 계란으로 바위를 치는 일이라 하더라도, 계란을 만 번 정도는 던져볼 의지가 있는 사람들이었다. 그랬다. 과정을 배우며 매순간을 시작하는 사람들이 이곳에 있었다. 그리고 나 또한 어느새 그런 사람이 되어 있었다.

그러니 나는 내 아이가 스타트업을 한다 해도 말리지 않으려고 한다. 그 고된 과정 또한 아이가 겪어나가는 삶의 소중한 자원이 될 테니. 그렇기에 나는 멈추지 않고 계속 달리려고 한다. 언젠가 내 딸아이가 만들어갈 꿈이 임신과 출산, 육아 때문에 좌절되지 않도록, 최선을 다해 살아남아 좋은 선례가 되려 한다. 아이를 데리고 피칭에 가는 것이 낯설지 않은 그런 문화, 대표가 직접 아이들을 돌보는 것이 전혀 이상하지 않은 문화, 아이를 키우면서도 사업을 잘 해낼 수 있다는 선례. 그리고 엄마들이 일과 생활의 균형 안에서 자유롭게 살아갈 수 있는 세상을 만드는 시작점에 내가 서 있다고 믿는다.

물론 이러한 세계를 단번에 만들 수는 없다고 생각한다. 아마 수억 개의 계란을 세상으로 던져도 깨지지 않을지 모른다. 그렇다고 해서 계란을 던지지 않을 수는 없다. 나는 이렇게 버티며 세상을 향해 이야기한다. 엄마도 사업을 잘 해나갈 수 있다고 말이다.

　나는 나의 딸아이가 살아갈 세상을 위해 오늘도 밤낮없이 달린다. 엄마라는 속도로 매일 새롭게 시작하고 일하는 중이다.

"

아마 수억 개의 계란을 세상으로 던져도
바뀌지 않을지 모른다. 그렇다고 해서
계란을 던지지 않을 수는 없다.
나의 딸아이가 살아갈 세상을 위해
오늘도 밤낮없이 달린다.

걸크의 밤이
불타오르네

경력단절 여성들을 위한 창업 교실이 늘어나고 있다. 대부분 '수공예 제품으로 공방 차리기', '인터넷 쇼핑몰 오픈하기'와 같은 프로그램이다. 그런 이야기를 들으면 가끔 머리가 띵해지곤 한다. 물론 그 수요가 가장 많으니 그렇겠지 싶으면서도 엄마들 창업이 그런 것에 국한되는 것이 아쉽다. 연매출 몇 억 달성이라는 창업 아이템을 소개한다는 저녁 시간대의 요란뻑적지근한 프로그램들을 봐도, 대다수는 가사노동의 연장선상에서 창업할 아이템의 예시만 보여 준다.

그것이 정말 취미에 맞고 즐거울 수 있다면 뭐가 문제일까. 하지만 모든 엄마들이, 모든 전업주부들이 그런 것에만 흥미를 느끼는 건 아닐 것이다. 초를 만들고 쿠키를 구워야만 창업으로 연결될 수 있다고 이야기하는 지점이 사실 조금 불편하다. 그것이 마치 가장 쉽고 간편한 창업의 길인 양 이야기하는 것도 불편하다.

나도 한때는 초팔이 소녀를 꿈꿨다. 해보니 정말 생각만큼 쉽지 않았지만, 나도 그것이야말로 가장 쉽고 빠르게 무언가를 팔 수 있는 방법이라고 생각했다(하지만 해보니 정말로 오판)! 사실 가장 힘들었던 것은 초를 만드는 게 아니라, 내게는 그 일이 그다지 큰 재미가 없다는 것이었다. 나는 세상의 수많은 일들 중에서 하필 초를 만드는 일이 적성에 맞지 않는 사람이었나 보다. 하지만 나도 비슷한 생각만 했다. 집에서 부업으로 할 만한 일을 찾아보자, 그래, 그럼 초를 만들어 팔아볼까? 잼을 만들어 팔아볼까? 다들 그렇게 접근하고, 집에서 소소하게 할 수 있는 것들이 특별할 게 없었다.

지금도 많은 여성을 위한 창업 지원 공간에서는, 수많은 잠재력을 지닌 그녀들에게 잼을 만들고 초를 만들고 인형을 만들게 하고 비누를 만드는 걸 가르친다. 비누를 만든 다음 어떻게 제대로 팔 것인지에 대한 교육은 건너뛰고, 어떻게 사업전선에 뛰어들어야 할지에 대한 교육은 사라진 채 엄마들 일을 부업거리로만 치부해버리는 것이다.

엄마들의 일은 부업이 아니다. 그 자체로 의미 있는 일이다. 해도 그만, 안 해도 그만인 일들이 아니라, 누군가에게는 해야만 하는 일이다. 그리고 그것을 찾기 위해 진짜 도움을 받아야 한다. 나는 많은 엄마들이 더 의미 있는 많은 일들을 해나갈 수 있다고 믿는다.

걸크러시는 여기에서 시작이다! 엄마다움을 강요받지 않고, 있는 그대로 하고 싶은 것을 할 수 있을 때. 언젠가 그 길에 나도 숟가락 하나 얹을 수 있게 오늘도 전투적으로 달린다.
오늘도 '걸크'의 밤이 불타오른다!

에 필 로 그

엄마에서
다시 이.혜.린.으로

3년간 운영해왔던 계정이 있었다. '내가니엄마'. 다스베이더 옷을 입은 어떤 에미가 나와 이런저런 이야기를 하는 계정을, 그래도 생각보다 많은 사람들이 좋아해줬다. 물론 페북 스타가 될 만큼 큰 계정은 아니었지만. 홀연 그곳에 글을 그만 써야겠다는 생각이 들었다. 운영이 힘들다거나 상처를 받았다거나 한 건 아니다. 그저 졸업할 때가 된 것 같았다.

그 계정을 처음 운영할 때쯤, 나는 많이 힘들었다. 복직과 휴직 사이에서 갈등했고, 퇴사를 결정하게 되며 나락으로 떨어진 기분을 느꼈고, 외롭고 고독한 순간들이 나를 잠식했다. 지난 3년간의 일이다.

나의 정체성은 모두 엄마였다. 그것은 너무나도 큰 이슈였으니까. 아이를 잘 키우는 게 내 인생의 목표였고 나를 갈아 즙을 내서라도 아이를 키워야 한다는 무언의 압박감에 시달렸다. 실제로 그렇게 할 수 있는 깜냥이 안 되는 나였는데도 말이다.

그리고 어느 순간 3년간의 미친 듯한 고군분투를 거쳐, 엄마에서 다시 이.혜.린.으로 돌아왔다. 그사이 아이를 위해 온전히 희생하지 않아도 될 만큼 마음이 단단해졌고, 나와 같은 처지인 엄마들에게 위안이 될 수 있었다.

3년이라는 시간, 나는 창업의 바다에 몸을 던지고 '그로잉맘'이라는 회사를 함께 운영해가며 내 이름 석 자를 세우게 되었다. 이 사업이 완벽히 성공했다고 말할 수는 없지만, 적어도 '다시 살아감'이라는 목적은 이 사업을 통해 달성한 셈이다.

그리고 지금은 이 모든 순간이 좋다. 엄마이면서 다시 찾은 내 이름 석 자, 그리고 엄마로 살아가는 지금의 삶, 누군가의 아내인 이 순간 모두가 행복하다.

나는 엄마이자 이혜린이라는 그 두 개의 이름을 분리시키기 위해 노력했지만, 이 모든 순간들을 통해 결국 공생의 방법을 배운 셈이다. 그러니 나에게 감정의 해우소 같던 그 온라인 계정은 큰 의미가 없어진 셈이다. 크고 작은 삶의 굴곡 앞에서 내 안에서 자연스럽게 감정들을 흘려 내보내니, 해우소까지 가지 않아도 언제나 나는 감정의 쾌변 상태를 유지할 수 있었다.

아이가 둘이 된 지금 이순간도 미묘한 공생은 새로운 방식대로 성장하고 있다. 팔 할의 바람이 키워주는 삶처럼, 역시나 시간은 위대하게 나와 아이들을 성장시켜주고 있다. 그사이 우리 가족에게는 크고 작은 고난들이 뿜뿜거리며 찾아왔다가, 우리가 담대하게 버티는 걸 보고 겁먹은 채 도망가는 게 반복되고 있다. 고난이 무슨 영양분 가득한 우유도 아닌데, 고난을 먹고 쑥쑥 자라고 있는 셈이다.

그렇게 아이가 자라는 만큼 나도 자라고 있다. 이 균형과 성장 사이에서 또 몸부림치고 울다가 웃다가 널뛰기하며 살아가겠지만, 어느 순간 지나고 나면 지금보다 더욱 행복한 나를 발견하고 만날 거라고 믿는다.

"느린 듯하지만 맹렬하게, 서두르는 것 같지만 사려 깊게"

엄마의 속도로 일하고 있습니다

1판 1쇄 인쇄 2018년 6월 7일
1판 1쇄 발행 2018년 6월 14일

지은이 이혜린
펴낸이 김영곤
펴낸곳 아르테

문학사업본부 본부장 원미선
문학기획팀 팀장 이승희
책임편집 김지영
문학마케팅팀 정유선 임동렬 조윤선 배한진
문학영업팀 권장규 오서영
홍보팀장 이혜연 **제작팀장** 이영민 **제휴팀장** 류승은

출판등록 2000년 5월 6일 제10-1965호
주소 (10881) 경기도 파주시 회동길 201 (문발동)
대표전화 031-955-2100 **팩스** 031-955-2151

ISBN 978-89-509-7572-2 03810
아르테는 (주)북이십일의 문학 브랜드입니다.

(주)북이십일 경계를 허무는 콘텐츠 리더

아르테 채널에서 도서 정보와 다양한 영상자료, 이벤트를 만나세요!
네이버오디오클립/팟캐스트 [클래식클라우드]김태훈의 책보다 여행
페이스북 facebook.com/21arte   블로그 arte.kro.kr
인스타그램 instagram.com/21_arte   홈페이지 arte.book21.com

책값은 뒤표지에 있습니다.
이 책 내용의 일부 또는 전부를 재사용하려면 반드시 (주)북이십일의 동의를 얻어야 합니다.
잘못 만들어진 책은 구입하신 서점에서 교환해 드립니다.